I0796158

DEL MONO AL SAPIENS -

(Los científicos no tienen del todo clar

con quién. Y, a saber, ¡lo mism

AUSTRALOPITHECUS AFARENSIS

Hace entre 3,9 y 2,9 millones de años aproximadamente

HOMO RUDOLFENSIS

Hace unos 1,8 millones de años

HOMO ANTECESSOR

Hace entre 1,1 y 0,7 millones de año

AUSTRALOPITHECUS AFRICANUS

Hace entre 3 y 2 millones de años

HOMO ERECTUS

Hace entre 1,89 millones y 143 000 años

HOMO HABILIS

Hace entre 2,3 y 1,4 millones de años

HOMO ERGASTER

Hace entre 1,8 y 1,3 millones de años

NUESTROS PARIENTES

ómo va la cosa ni quién está emparentado

parecen nuevas especies humanas!).

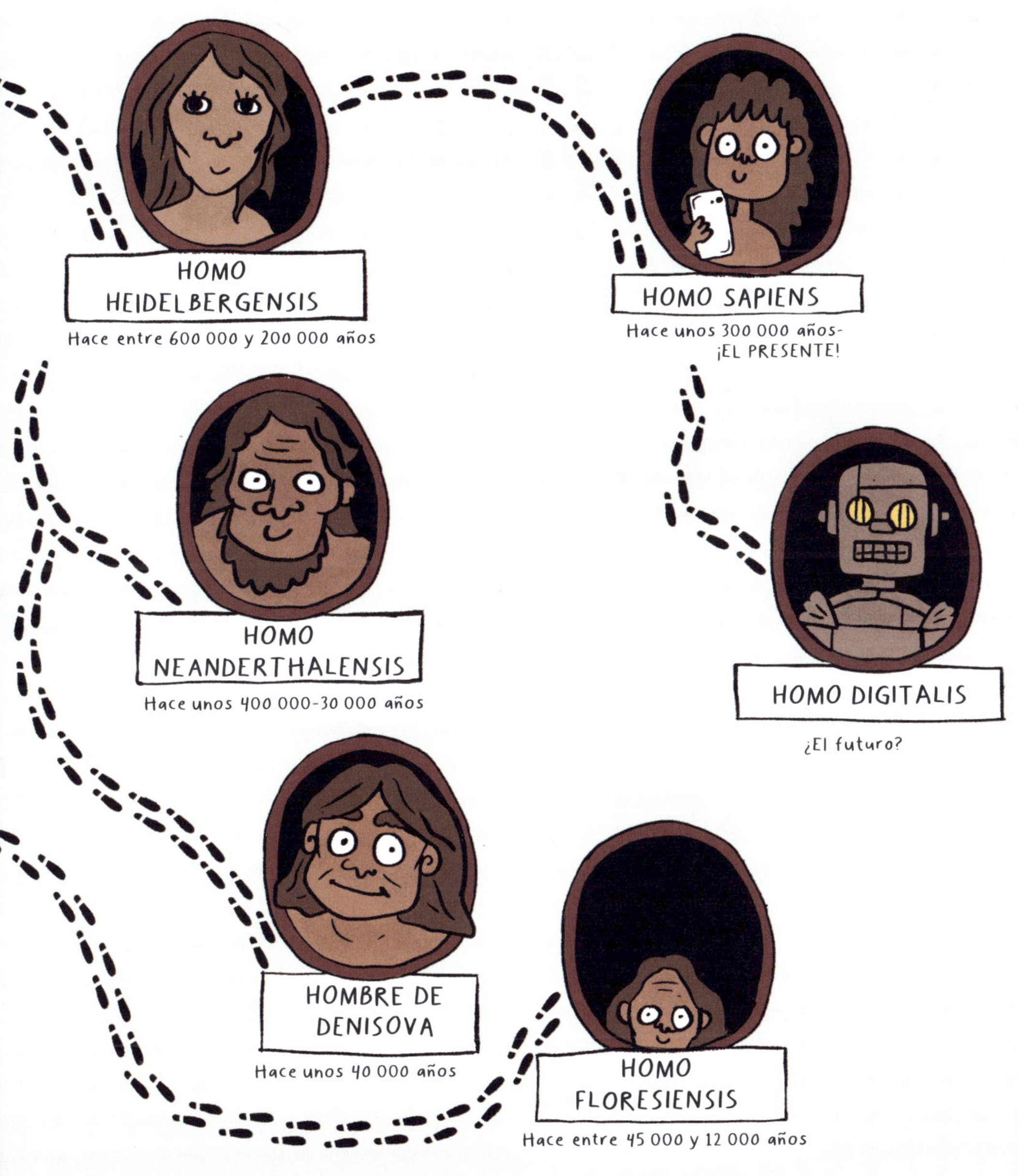

DEL MONO AL SAPIENS

UNA HISTORIA DE LA HUMANIDAD

Índice

Gracias al Swedish Art Council, por la ayuda a la traducción de este libro.
Título original: *Från apa till sapiens: mänsklighetens historia*
Publicado por HarperCollins Ibérica, S. A.
Avenida de Burgos, 8B – Planta 18
28036 Madrid
harpercollinsiberica.com

Revisión científica de Torill Kornfeldt,
Publicado por primera vez por Natur & Kultur, Estocolmo, 2020

Adaptación de cubierta: equipo HarperCollins Ibérica
Maquetación: Comando G
ISBN: 978-84-18774-74-4
Depósito legal: M-1791-2024
Impreso en España por Graphycems

Durante millones de años, los seres humanos vivimos exactamente igual que los animales. Pero después sucedió una cosa que dio rienda suelta a nuestra imaginación. Aprendimos a hablar y aprendimos a escuchar. El habla ha hecho posible la comunicación de las ideas, y nos ha permitido colaborar para construir lo imposible. Los mayores logros de la humanidad los hemos conseguido hablando, y los mayores fracasos, por no hablar. No tiene por qué ser así. Nuestros mayores sueños podrán hacerse realidad en el futuro. Con toda la tecnología que hay disponible las posibilidades son infinitas. Solo tenemos que seguir hablando.

Stephen Hawking

Maravíllate de todo, incluso de lo más corriente.

Carlos Linneo

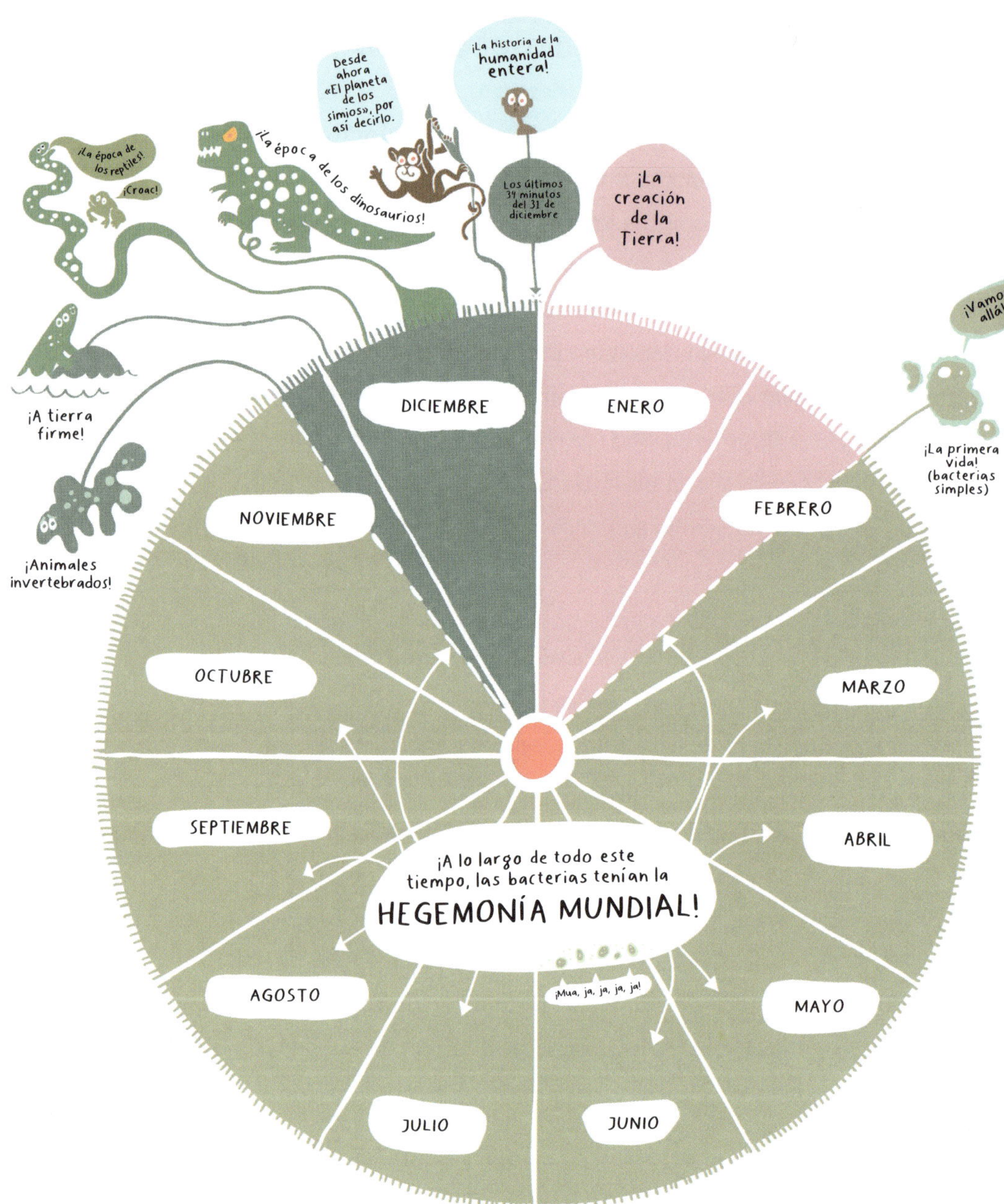
¡La época de los reptiles!
¡Croac!
¡La época de los dinosaurios!
Desde ahora «El planeta de los simios», por así decirlo.
¡La historia de la humanidad entera!
Los últimos 34 minutos del 31 de diciembre
¡La creación de la Tierra!
¡Vamo allá!
¡La primera vida! (bacterias simples)
¡A tierra firme!
¡Animales invertebrados!
DICIEMBRE
ENERO
NOVIEMBRE
FEBRERO
OCTUBRE
MARZO
SEPTIEMBRE
ABRIL
¡A lo largo de todo este tiempo, las bacterias tenían la HEGEMONÍA MUNDIAL!
¡Mua, ja, ja, ja, ja!
AGOSTO
MAYO
JULIO
JUNIO

Comprender el tiempo

El tema del tiempo no es sencillo. Segundos, minutos, horas y días. Eso vale. Semanas, meses y años, también vale. Pero cuando empiezan a ser cientos, miles y millones ya se hace más complicado seguir el hilo. Y que la Tierra se creara hace 4500 MILLONES de años es algo que no somos capaces de concebir. Ni tan siquiera que nuestra especie surgiese hace 300 000 años. Durante ese tiempo, tú y unos 10 000 antepasados y antepasadas tuyos habéis vivido vuestra vida. Mamá, la abuela, la bisabuela, la tatarabuela y así 9996 más.

Podemos intentar imaginarnos la historia de la Tierra como un solo año y que la Tierra se creó el 1 de enero a las 00:00. De ese modo, la primera forma de vida surgió el 17 de febrero. Se trataba de bacterias simples. Los invertebrados no empezaron a desarrollarse hasta el 23 de noviembre. El 2 de diciembre varias criaturas subieron a rastras a tierra firme y el 7 de diciembre llegó la época de los reptiles. El periodo de los dinosaurios comenzó alrededor del 13 diciembre, hace 230 millones de años. Pero solo llegaron a vivir una semana, según esta escala, y después murieron todos los animales que medían más de un metro. Los investigadores creen que el número de dinosaurios fue reduciéndose cada vez más durante mucho tiempo, pero que para los últimos el final fue la colisión de un asteroide enorme con la Tierra.

A los mamíferos les vino bien que desaparecieran todos los grandes dinosaurios, porque podían seguir viviendo sin enemigos gigantes.

El 26 de diciembre aparecieron los primates, los simios, que se convirtieron en los predecesores de los humanos. Los humanos nacieron en Nochevieja. El ser humano moderno, el *Homo sapiens*, surgió en los 34 minutos que quedaban de año, es decir, hace 300 000 años. A los quince minutos migraron del noroeste de África a la península arábiga, y después se extendieron por todo el mundo.

La historia de la humanidad es muy corta si la comparamos con la de la Tierra. Aun así, hemos conseguido un montón de cosas.

Evolución y revolución

Nuestro desarrollo ha ido muy lento. Que los homínidos se dieran cuenta de que tenían que trepar por los árboles o de que tenían que ir correteando a cuatro patas por la hierba

y ponerse de pie para andar no fue algo que se le ocurriera a un individuo de repente. Llevó bastante tiempo y a ese desarrollo lo llamamos «evolución». Es el cambio de los organismos durante un largo periodo de tiempo.

El desarrollo se puede dividir en dos partes. Una es biológica y tiene que ver con cómo ha evolucionado nuestro cuerpo, y depende de dónde hayamos vivido y cómo.

La otra es social y tiene que ver con cómo vivimos con los demás, con cómo evolucionan los seres humanos, los grupos y las sociedades.

A veces pasa que la evolución da un salto y hay cambios muy grandes en poco tiempo. A eso lo llamamos «revolución», y estos saltos casi siempre se deben a que la gente tiene nuevas opiniones, nuevas ideas, y empieza a creer en nuevas historias.

Todos somos iguales

Hoy siguen existiendo un montón de especies distintas de animales, pero solo una de humanos. Descendemos del mono del sur: el *Australopithecus*. Este vivió en el sur de África hace entre cuatro y dos millones de años. No somos sus únicos descendientes, todos los llamados «humanos verdaderos», del grupo *Homo*, lo son.

Hace 100 000 años puede que existieran al menos seis especies humanas distintas en la Tierra. Pero nosotros somos los únicos que hemos sobrevivido hasta hoy.

Tenemos aspectos diferentes porque nuestros predecesores han vividos en sitios diferentes. No es lo mismo vivir en el frío norte que vivir en el sur, donde hace calor.

El *Homo sapiens* se dirigía allí donde había comida y se adaptaba a las plantas y a los animales que pudiera recolectar y cazar. Algunos permanecieron en un lugar, mientras que otros iban migrando por regiones amplias.

Los humanos siempre han estado en movimiento. Hemos ido desplazándonos en busca de comida, de nuevos territorios de caza, de tierras nuevas para cultivar o de un trabajo y una vida segura. A veces hemos atacado a otros y nos hemos quedado con su territorio. Hemos huido de hambrunas y de cambios climáticos, hemos escapado de persecuciones y de guerras. Eso es lo que hicieron nuestros predecesores, y a eso se siguen viendo obligadas algunas personas hoy.

Aunque yo creo que muchas también han acabado viajando por pura curiosidad y ganas de vivir aventuras.

La primera madre de la humanidad vivió en África hace unos 300 000 años. Todos somos familia, todos somos *Homo sapiens*.

Una revolución en la cabeza

Bajar del árbol

Hace mucho tiempo, el continente africano estaba cubierto prácticamente entero de bosque y los homínidos se las arreglaban trepando por los árboles. Era lo mejor, lo más seguro y lo más rápido.

Pero hace siete millones de años el clima se volvió más seco. Los grandes bosques menguaron y se convirtieron en sabanas y desiertos.

Empezó a reducirse el número de árboles y los homínidos bajaron al suelo; primero a cuatro patas, pero con el tiempo empezaron a caminar sobre dos. Era menos trabajoso que ir arrastrándose a cuatro patas.

Cuando empezaron a levantarse del suelo, les resultó más fácil buscar presas y depredadores peligrosos, se volvieron más rápidos y eran capaces de correr tramos largos.

La única desventaja era que también resultaba más fácil verlos, pero las ventajas superaban los inconvenientes. Cuando se pusieron en pie, pudieron observar lo que sucedía a su alrededor y ganaron poder sobre su entorno.

Dedos hábiles

El caminar sobre dos patas también sirvió para que pudieran usar las manos para otras cosas que no fueran desplazarse. Podían cargar más objetos, lanzar piedras y hacerse señas cuando acechaban algún antílope.

Cráneo pesado, cerebro inteligente

Al mismo tiempo, el cerebro empezó a desarrollarse y a hacerse más grande.

Un cerebro grande pesa y el cuerpo no había evolucionado para caminar sobre dos patas con un cráneo pesado en lo alto del todo. Todavía hoy podemos notarlo. Nuestro cuerpo no está hecho para que nos sentemos inclinados sobre el ordenador o el móvil. Por eso nos duelen la espalda y el cuello fácilmente.

Un cerebro grande con muchos pensamientos necesita montones de energía, por ello pasaban mucho tiempo buscando comida. Los seres humanos comían y se movían, jugaban a juegos que ejercitaban el cerebro y se hicieron aún más inteligentes.

Los seres humanos y los animales

Nos fuimos diferenciando de los animales porque se nos daba bien organizarnos y colaborar para tener una vida mejor. Y parece que, cuando nuestro cerebro empezó a desarrollarse, no había nada que pudiera detenernos. Los demás animales no cuentan con la misma capacidad de organización y colaboración para tener una vida mejor.

Nuestra creatividad no conocía límites, por eso también sobrevivimos y con el tiempo logramos transformar nuestra vida y nuestras sociedades en grandes civilizaciones con inventos avanzados.

La ayuda de la evolución

De modo que el cuerpo no nos seguía el ritmo cuando empezamos a caminar sobre dos patas. El cerebro creció y la cabeza se hizo más grande al tiempo que las caderas se volvieron más estrechas. Eso provocó que a las mujeres les costara más dar a luz. El riesgo de muerte durante el parto aumentó, tanto para la madre como para el niño.

Pero entonces la evolución ayudó a que los niños nacieran más temprano, antes de que el cráneo hubiera crecido demasiado. Debido a ello nacemos a medio hacer, en comparación con otras crías de animales, y necesitamos que los adultos nos cuiden.

Juntos

Desde el principio, la gente vivía en grupos que se parecían a grandes familias, de varias decenas de personas hasta algo más de un centenar. Se ayudaban a preparar la comida, a hacer herramientas y a cuidar a los niños y a los mayores. Resultaba práctico que hubiera tantas personas juntas, así les era más fácil protegerse de las tormentas y de los depredadores.

Eran pocos, pero nunca estaban solos; vivían muy cerca unos de otros y siempre tenían a gente a su alrededor. El hecho de que todos se conocieran les daba seguridad.

Un ser humano podía llegar a ver a menos de cien personas a lo largo de toda su vida.

¡Fuego y llamas!

Sin el fuego no habríamos sobrevivido. Ha pasado ya un millón de años desde que un predecesor del *Homo sapiens* logró dominarlo.

Habían visto que los rayos provocaban fuegos cuando caían y que saltaban chispas cuando golpeaban las piedras para fabricar herramientas. Sabían que las ramas secas y las virutas prendían con facilidad.

Descubrieron el fuego. Les daba calor, iluminaba sus noches y los protegía de los depredadores. Podían quemar un bosque para conseguir un campo abierto en el que cazar. Quizá algún que otro animal y un montón de nueces acabaran en una hoguera y así tuvo lugar la primera barbacoa.

Descubrieron que podían cocinar la comida y que de esa forma les resultaba más fácil comerla y digerirla. Al cocinarla se morían las bacterias y los parásitos y la comida les aportaba más alimento y se conservaba mejor. El cerebro empezó a recibir aún más energía para desarrollarse.

Los humanos verdaderos

No tenemos ni idea de cómo nos llamábamos a nosotros mismos hace miles de años. Todas las especies han ido recibiendo su nombre en los últimos tres siglos. *Homo* significa 'humano verdadero', y *erectus*, por ejemplo, 'que camina erguido'. Le pusieron ese nombre porque los investigadores creían que fueron los primeros que empezaron a caminar sobre dos patas, pero nuestros antepasados, los monos del sur, ya caminaban así hace más de dos millones de años.

El *Homo neanderthalensis* recibió ese nombre porque se descubrió por primera vez en el valle de Neander, en Alemania.

Homo sapiens, lo que somos tú y yo, significa 'persona sabia o con conocimientos'. Fue un nombre que nos pusimos, o que más bien nos puso Carlos Linneo en 1758; no muy humilde.

En 2008 encontraron otra especie humana que recibió el nombre de *Homo denisova*, porque el hallazgo tuvo lugar en las cuevas de Denísova, en Siberia. Vivieron cerca de los neandertales y las dos especies tuvieron hijos juntas.

Minihumanos

En la isla de Flores, en Indonesia, un arqueólogo encontró en 2003 el esqueleto de una mujer y partes de otros individuos. Estos humanos medían apenas un metro. Recibieron el nombre de *Homo floresiensis* y vivieron hasta hace 12 000 años.

Los investigadores creen que eran tan pequeños porque pasaron mucho tiempo aislados en una isla donde no había comida en abundancia. La cosa se puso aún más interesante cuando los arqueólogos encontraron allí también el esqueleto de un minielefante. Se trataba de un estegodonte que no era mucho más grande que los humanos.

Este es un buen ejemplo de cómo funciona la evolución: el clima, el entorno y el acceso a los alimentos afectan al desarrollo de forma que nos adaptamos al lugar en el que vivimos. Aunque es algo que lleva miles de años, claro.

Omnívoros

Fuimos cazadores-recolectores desde el principio. Recolectábamos plantas, raíces, frutos, bayas e insectos. Pero cuando teníamos oportunidad, cazábamos algún conejo o una rana.

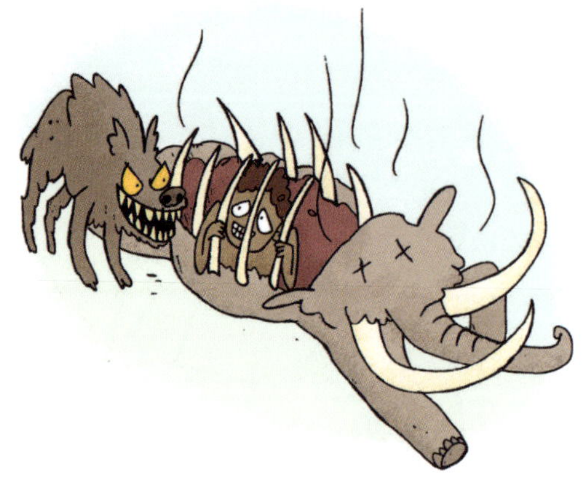

También fuimos carroñeros. Estábamos pendientes de que los depredadores terminaran de comer para compartir los restos con los buitres. Teníamos cuidado con las hienas, de lo contrario nos convertíamos nosotros en la comida.

Hace 400 000 años nuestros predecesores desarrollaron herramientas de caza y empezaron a colaborar unos con otros para poder cazar animales más grandes. Pero debían estar atentos a los grandes depredadores, pues se comían de buena gana algún que otro humano de vez en cuando. Los grandes depredadores se encontraban más alto en la cadena alimentaria y los seres humanos solo eran otro animal más que luchaba por su supervivencia.

Cuando abatían un mamut, tenían comida para varios días. Y cuando tenían mucha comida, comían un montón. Se alimentaban únicamente de lo que había y no podían escoger, como tú y yo escogemos hoy.

Por el mundo

Hace 150 000 años ya existían varias especies humanas, pero no había tantos humanos en la Tierra. Puede que solo hubiera un millón desde Europa occidental hasta las islas indonesias del este. Ese es más o menos el número de personas que viven en Valencia hoy.

El continente americano seguía completamente vacío de gente. Los hallazgos de restos humanos que se han hecho allí tienen solo 15 000 años, pero no sabemos cuándo llegaron las primeras personas desde Asia.

En el mundo había espacio de sobra y los humanos tenían herramientas, armas y fuego.

El *Homo sapiens* seguía viviendo en África, pero se desplazó hacia la península arábiga y Oriente Medio en distintas tandas hace entre 120 000 y 50 000 años.

Por aquel entonces ya teníamos el aspecto que tenemos ahora. Así que, si te encontraras con una persona de esa época vestida con ropa moderna, no te darías cuenta.

El poder del cerebro

Nuestro cerebro se desarrolló de forma que podíamos pensar mejor, teníamos mejor memoria y un lenguaje más amplio. Pero, aún más importante: podíamos imaginarnos cosas que no eran visibles.

Antes de este cambio, nos gritábamos «¡Cuidado!» al ver a leones cerca del río. Cuando nos volvimos más inteligentes, unos miles de años después, empezamos a recordar las cosas que habían sucedido y se lo podíamos contar a los demás. También éramos capaces de hacer planes y de decirnos que tuviéramos cuidado en el río porque los leones iban por allí al anochecer.

Con la ayuda de un mapa mental estábamos informados de cómo era nuestro alrededor. De ahí que resultara más sencillo planear cosas complicadas, como cazar búfalos y evitar a los depredadores peligrosos.

Y de repente ocurre

Conforme el lenguaje se desarrollaba y nosotros éramos capaces de retener más información, empezamos a funcionar mejor con los demás. Prosperábamos en grupos del tamaño adecuado y nos cuidábamos entre nosotros. Era más fácil colaborar con el resto, no solo con los que conocíamos, sino también con extraños.

Eso se nos da mejor que a otros animales, como las abejas, las hormigas, los lobos y los chimpancés, aunque ahora sabemos que muchas especies pueden comunicarse bastante mejor de lo que pensábamos antes. Cooperan, pero casi siempre solo con otros que pertenecen al mismo grupo, manada o enjambre. Este desarrollo se llama «la revolución cognitiva». Cognitivo es lo que tiene que ver con lo que sucede en el cerebro. Pensar, aprender, clasificar y almacenar información. Esto supuso un gran cambio para el *Homo sapiens*.

Ningún investigador ha explicado a qué se debe este salto en el desarrollo. Pero con ayuda de nuestros inteligentes cerebros nos convertimos en el animal más poderoso de la Tierra y hace 100 000 años ascendimos a lo más alto de la cadena alimentaria.

Seremos siempre los animales más listos mientras sigamos comunicándonos y cooperando…

¡Somos los reyes!

¿Y qué crees que ocurrió cuando subimos a lo más alto de la cadena alimentaria? Exacto, empezamos a exterminar a otros animales. Y es que estábamos obligados a comer para sobrevivir.

Los demás animales no se habían dado cuenta de lo que había sucedido. No veían a los humanos como enemigos y estaban indefensos. La evolución los había abandonado, no les dio tiempo a desarrollar nuevos colmillos, cuernos, aguijones, veneno o colores para camuflarse.

Los seres humanos eran distintos del resto de los depredadores. Éramos estratégicos y necesitábamos más alimento.

Teníamos el fuego y sabíamos preparar y conservar comida para que durara más. Este conocimiento y nuestras herramientas de caza nos convirtieron en una amenaza para las demás especies.

Cuando el *sapiens* llegó a Australia, se extinguieron en apenas unos miles de años 23 de las 24 especies animales que pesaban más de 50 kilos.

El importante cotilleo

En cuanto empezamos a utilizar las palabras y hablar, nos pusimos a inventarnos y a contar historias divertidas, engañábamos y presumíamos, exagerábamos y metíamos miedo. Y cotilleábamos sobre todo el mundo.

El cotilleo era importante. Era bueno saber quién del grupo estaba enamorado de quién y en quién podías confiar. El hecho de que supiéramos casi todo de los demás hacía que trabajáramos mejor juntos.

A eso se llama «control social». Y mucho de lo que hablamos, chateamos y enviamos en mensajes de texto son cotilleos. Sigue cumpliendo la misma función: mantener unidos nuestros grupos.

El poder del pensamiento

También inventamos cosas. El barco, la lámpara de aceite, el arco y la aguja de coser, entre otras muchas cosas.

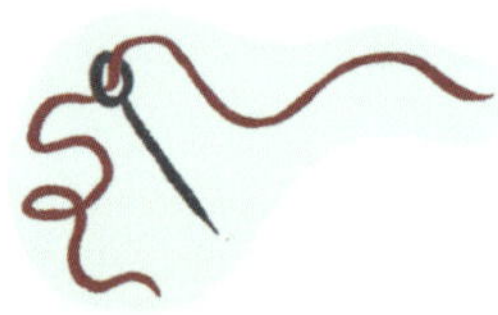

Con una aguja resultaba más fácil hacer ropa. La lámpara de aceite nos proporcionaba luz sin que hiciera falta una hoguera enorme cuando queríamos alargar el día o explorar una cueva.

El arco fue uno de los mejores inventos de la historia universal. Con el arco y la flecha podíamos matar animales grandes y peligrosos sin tener que acercarnos tanto.

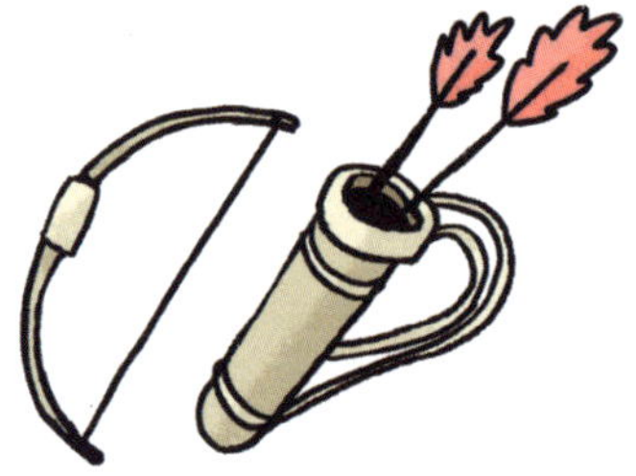

Con los barcos nos desplazamos por ríos, lagos y mares. Hace ya 45 000 años viajaron los primeros humanos a un continente nuevo y desconocido: Oceanía.

La humanidad se estaba extendiendo por todo el mundo. Salimos a los mares sin saber qué había más allá del horizonte. No existían los mapas como ahora, pero teníamos imaginación.

Amigos y enemigos

Nos fuimos extendiendo. Migramos hacia el norte y el oeste del continente euroasiático, y hacia el este de lo que ahora es China.

Nos encontramos con otras especies humanas y yo me pregunto qué sería lo que sucedió entonces.

¿Nos recibieron con curiosidad y hospitalidad? ¿Seríamos nosotros curiosos y humildes? ¿O éramos ya tan belicosos como más adelante en la historia?

Se han encontrado muchos restos que hablan de batallas y guerras, incluso de canibalismo, o sea, que nos comíamos a otra gente y otra gente nos comía a nosotros. Cuando atacábamos no distinguíamos entre hombre, mujer o niño. Tuvo que pasar bastante tiempo hasta que eso se hizo tabú, es decir, se volvió algo feo e incorrecto atacar a mujeres y niños.

Pero una cosa es segura y es que el *sapiens* tuvo hijos tanto con neandertales como con denisovanos. Y así recibimos contribuciones muy útiles para nuestros genes que nos facilitaron adaptarnos y sobrevivir en el nuevo continente.

¿Cavernícolas?

Durante mucho tiempo, se creyó que los neandertales fueron cavernícolas primitivos. Llegaron incluso a proponer como nombre para ellos *Homo stupidus*, el hombre tonto.

Ahora tenemos más información. Lo cierto es que fueron los primeros humanos que empezaron a enterrar a sus muertos y también dejaban regalos en las tumbas. Eso puede significar que creían en la vida después de la muerte y que tenían algún tipo de religión.

Algunos investigadores creen incluso que las pinturas que se encontraron en tres cuevas españolas las hicieron neandertales y no *Homo sapiens*, que es lo que pensaban al principio.

Los neandertales seguro que también tenían una lengua e historias. Y, como tuvieron hijos con los *sapiens*, en realidad siguen vivos en los genes de muchos de nosotros.

¡Crisis climática!

Es muy probable que un cambio del clima fuera lo que provocó que el *Homo sapiens* abandonara África. Puede haberse debido a la gran erupción volcánica en la isla de Sumatra, en Indonesia, hace 75 000 años. Las cenizas y el humo oscurecieron el cielo, por lo que la temperatura descendió radicalmente y se mantuvo baja mucho tiempo. Fue una catástrofe climática.

La erupción volcánica podría haber exterminado a los *sapiens* igual que el impacto de un asteroide acabó con los últimos grandes dinosaurios hace 66 millones de años.

De nuestra especie quedaron unos poquitos, entre 4000 y 20 000 individuos. De ellos descendemos tú y yo y todas las demás personas del planeta.

El frío y las fuertes lluvias al norte de África les complicaron mucho la vida a los humanos. Se vieron obligados a marcharse para sobrevivir.

¡La familia es lo peor!

Los neandertales llevaban viviendo miles de años en Europa y Oriente Medio. De repente surge otro tipo de humanos. Los recién llegados son más habilidosos a la hora de colaborar y fabrican herramientas más eficaces. Por eso cazan y recolectan mejor y tienen más hijos.

Los recién llegados se van extendiendo y a los neandertales les empieza a costar encontrar comida. En cada generación son menos y al final, hace 30 000 años, acaban desapareciendo del todo.

¿Es posible que sucediera así, que a los neandertales simplemente los apartaran? ¿Es posible que las especies se mezclaran y se convirtieran en una sola?

A nosotros, los *sapiens*, se nos daba muy bien la guerra, así que puede que exterminásemos a los neandertales, sin más.

Nuestra historia está llena de ejemplos de miedo a lo diferente. Una lengua distinta, un color de piel distinto o una creencia distinta y una forma distinta de vivir han bastado para que tratemos mal a otros y que incluso intentemos exterminarlos. La historia del *sapiens* no siempre es bonita.

Los espíritus

La gente de todas las épocas ha intentado imaginarse cómo se creó el mundo. Nos preguntamos qué es lo que ocurre cuando morimos y por qué el sol sale por las mañanas. Estos pensamientos nos han llevado a inventarnos historias, mitos sobre cómo se ha creado todo: las historias de la creación.

Algunos pensaban que todo tenía un espíritu, un alma, y que todo lo que los rodeaba estaba vivo. Eso se llama animismo.

Nuestros predecesores hacían sacrificios para los espíritus de la naturaleza. Les daban lo que creían que querían tener y esperaban que a cambio se portaran bien con ellos.

Una gente hacía sacrificios para los espíritus de los renos para que le obsequiaran animales que pudiera comer y de los que extraer piel y cuernos. Otra gente veneraba los espíritus del mar para que el tiempo propiciara la pesca. Y otra gente hablaba con los espíritus del bosque y les pedía que le mostraran los mejores arbustos con bayas.

Se inventaron rituales, bailes, arte y música para la naturaleza y los poderes. Los mitos y las ceremonias hacían la vida más segura, daban una explicación a la vida y al lugar del ser humano en ella. Todo adquirió un significado.

Como la gente vivía dispersa, había mil formas de ver el mundo, la vida y los seres humanos. Pero a veces la gente se encontraba e intercambiaban pensamientos y creencias, y así fueron cambiando las historias.

Fantasía y arte

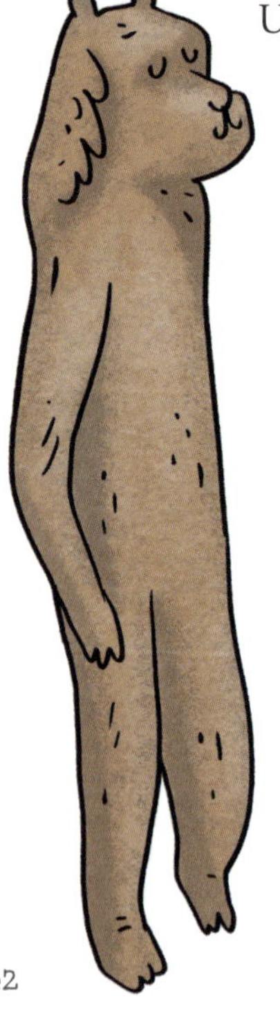

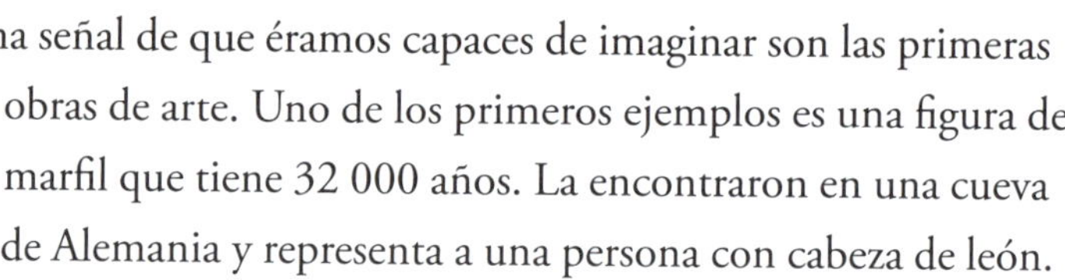

Una señal de que éramos capaces de imaginar son las primeras obras de arte. Uno de los primeros ejemplos es una figura de marfil que tiene 32 000 años. La encontraron en una cueva de Alemania y representa a una persona con cabeza de león.

Puede que se trate de un intento de reproducir un espíritu o un dios.

Pero el hombre león también puede ser el primer monstruo que se ha inventado el ser humano. Desde luego, los monstruos son tan viejos como la imaginación y los espíritus.

Se han encontrado más esculturas pequeñas en distintos lugares. Algunas son de mujeres y llevan a pensar que la gente veneraba diosas. Creer en la «madre tierra» parece natural, puesto que todos nacemos de mujeres. Quizá la gente pensara que toda la vida y el mundo entero vienen de una primera madre.

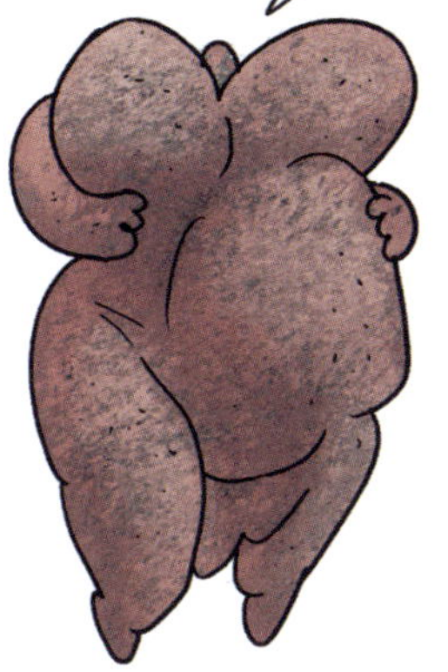

VENUS DE
HOHLE FELS
(35 000-45 000 años
de antigüedad)

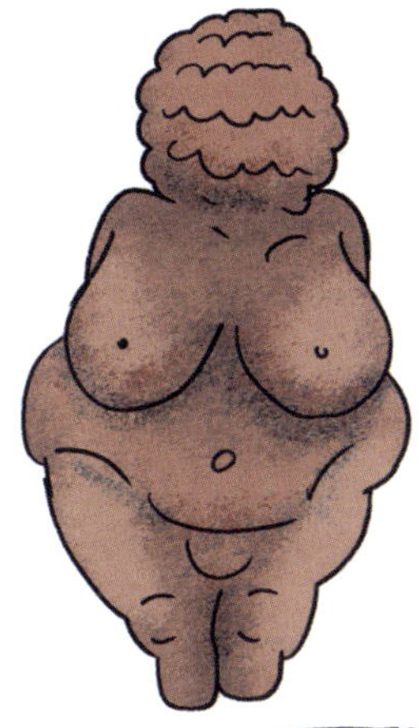

VENUS DE
WILLENDORF
(30 000 años
de antigüedad)

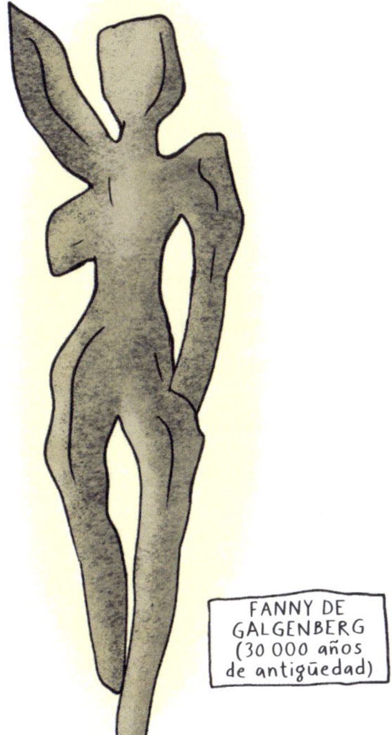

FANNY DE
GALGENBERG
(30 000 años
de antigüedad)

NUESTRA
PRIMERA MADRE

El ser humano y el juego

Pero no todo el arte se creó para rendir culto a los dioses. Siempre hemos jugado y hemos sido creativos por placer. Hemos tenido la necesidad de producir cosas, sencillamente. Yo escribo libros porque está guay y puede que a ti te guste pintar o tocar música. Nos hace sentir bien, y que a los demás les guste lo que hacemos, también.

El arte nos ayuda a imaginar lo que no podemos ver, a ampliar nuestros sentidos.

También reproducimos imágenes para enseñar lo que encontramos, como una especie de confirmación de la propia existencia.

Puede que ese fuera el caso de las maravillosas siluetas de la Cueva de las Manos, en el sur de Argentina. La pared de la montaña está llena de imágenes que crearon al pulverizar la pintura sobre las manos. Hay cientos de manos y surgieron en algún momento hace entre 13 000 y 9500 años. De modo que llevamos desde el principio del todo decorando nuestros objetos con imágenes y patrones. Siempre hemos querido rodearnos de cosas bonitas.

La llegada de los dioses

Los primeros dioses probablemente fueron la Tierra, el Sol, la Luna, las estrellas y todas las fuerzas de la naturaleza: el viento, la lluvia, el frío, el calor y el trueno. Algunos eran buenos, otros daban miedo. Les dimos nombres a las fuerzas y nos inventamos mitos sobre ellas para que se volvieran más reales, como personas. Lo hicimos porque siempre hemos querido que haya un significado y una voluntad en lo que nos sucede. Pensamos que hay alguien o algo que dirige nuestra vida. Con los mitos que nos hemos inventado buscamos entender cómo se ha creado todo y quién dirige las fuerzas de la naturaleza.

Las historias nos han dado un significado y después las propias historias también han adquirido uno. Han sido el origen de religiones, culturas, arte y nuevas formas de pensar.

La importancia de las tumbas

No sabemos mucho de las primeras religiones porque no hay nada escrito: la escritura llegó mucho después. Las historias se transmitían oralmente de adultos a niños, una generación tras otra.

Además, siempre hemos querido creer en la vida después de la muerte. Lo demuestran los objetos que les dejaban en la tumba a los muertos, cosas que estaba bien tener en el reino de los muertos o en el camino hacia él. Ahí se esconden también historias sobre quién era importante y sagrado. Esto es algo que también se puede apreciar en los grabados y las pinturas rupestres de las cuevas.

El lenguaje y las historias nos hicieron seres humanos. Le daban una explicación a la vida y nos mantuvieron unidos.

Las palabras

Teníamos que estar con los demás y colaborar con ellos, por eso desarrollamos el lenguaje. También hizo que nos sintiéramos a gusto juntos y que fuéramos más fuertes como grupo.

En la Edad de Piedra había miles de grupos distintos con su propia lengua y religión. La lengua que se generaba y las palabras que nos inventábamos dependían de cómo y dónde viviéramos.

Si hacía calor o frío y si vivíamos en el bosque, en la llanura o cerca del mar. Un pueblo podía tener muchas palabras para la nieve, mientras que otro era capaz de describir el mar de un montón de formas distintas.

Un montón de lenguas

Los distintos grupos seguían teniendo espacio de sobra. En la época en la que la gente se hizo agricultora, hace unos 12 000 años, había entre cinco y ocho millones de personas en la Tierra. Ahora somos casi ocho mil millones.

No tenemos ni idea de cuántas lenguas había por aquel entonces. La mayoría han desaparecido, ya sea porque los humanos que las hablaban han muerto o porque las lenguas se han mezclado y han dado lugar a nuevas. Hoy se hablan entre 5000 y 7000 lenguas en el mundo.

Intercambios y cambios

Los distintos grupos se fueron encontrando. Lo sabemos por piedras o conchas que se han descubierto junto a un lago lejos de la costa y que provienen de una playa en un gran mar a mil kilómetros hacia el oeste. Han viajado mucho, de mano en mano; una señal de que existía el trueque.
O puede que fueran objetos robados o botines de guerra.

Además, los grupos que se encontraban compartían otras cosas. Intercambiaban historias y tradiciones, creencias y cultura, y así iban transformando su propia historia y vida. Por supuesto, también se enamoraron y tuvieron hijos unos con otros. Así es como ha sobrevivido la humanidad.

La migración continúa

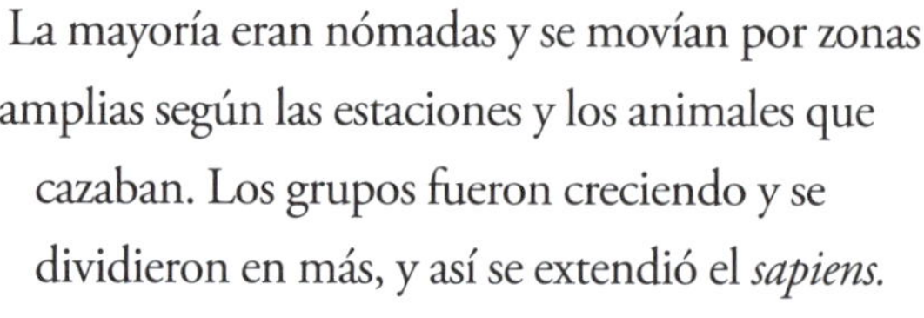

La mayoría eran nómadas y se movían por zonas amplias según las estaciones y los animales que cazaban. Los grupos fueron creciendo y se dividieron en más, y así se extendió el *sapiens.*

Según una estimación, pasaron 10 000 años desde que los primeros *sapiens* se marcharon de África hacia Oriente Medio hasta que sus descendientes llegaron a China.

Unos cuantos se asentaron y se quedaron a vivir en lugares en los que siempre había comida de sobra. Algunos de los primeros sitios en los que se instaló la gente son pueblos pesqueros de Indonesia. Los construyeron hace 45 000 años.

Las historias

Imagínate a la gente sentada alrededor de una hoguera escuchándose. Lo que oían se convertía en una historia común. Las historias han sido muy importantes para desarrollar culturas y sociedades. Nos han hecho permanecer unidos. Hoy otras historias pueden ser igual de importantes. Vemos las mismas series y películas, leemos los mismos libros y jugamos a los mismos juegos.

Si eres del Manchester United y te encuentras a otro seguidor del equipo en cualquier parte del mundo, los dos sabéis que os vais a llevar bien. Necesitamos las mismas historias y mitos para poder llegar a conocernos más rápido y poder colaborar.

Casi cualquier cosa en la que pienses es algo que se ha inventado hasta cierto punto. Por ejemplo, todas las leyes y las normas que controlan todo lo que hacemos, lo que podemos y lo que no podemos hacer. Las historias nos enseñan sobre ética y moral, sobre lo que está bien y lo que está mal.

Casi todo lo que nos mantiene unidos es en realidad un invento. Son cosas que han ideado los seres humanos. Puede tratarse de un país, un club, una empresa o una organización. También puede ser una historia esplendorosa pero a menudo inventada sobre reyes que nunca existieron, y sobre que el país en el que vivimos va a crecer, tal vez mediante una guerra.

Estas historias se han ido complicando con el tiempo. Por ejemplo, hay una historia que cuenta que todas las personas valen lo mismo. Es una historia bonita en la que cree mucha gente. Ha servido para que fundemos juntos grandes organizaciones como Naciones Unidas. La ONU se encarga de asegurarse de que todos los Estados traten de verdad a sus ciudadanos de una forma justa.

Hay otra historia que cuenta que no valemos lo mismo, y también hay mucha gente que piensa que eso es cierto.

Culturas distintas

CULTIVO DE BACTERIAS

Todo lo que nos hemos ido inventado a lo largo de todas las épocas se ha acabado convirtiendo en distintas culturas.

Pero *cultura* puede significar muchas cosas. La palabra *cultura* significa 'cultivar', y *cultivar* puede ser tanto plantar en el suelo como cultivar tus pensamientos. Porque la cultura también son el arte, el teatro, la música, la literatura y otras formas de creatividad.

La gente que vive junta se ha inventado tradiciones y formas de vestirse, comidas, música y arte y festividades propias. Todo esto se manifiesta en su cultura.

A lo largo de la historia, ciertas culturas han ido evolucionando hasta convertirse en sociedades altamente eficaces, con técnicas y arquitectura más avanzadas, con educación y ciencia. A estas culturas las llamamos civilizaciones.

CULTIVAR TUS
PENSAMIENTOS

EL ARTE DE LA
PERFORMANCE

Los trastos

Cuando la gente era cazadora-recolectora no tenía más cosas de las que podía cargar. ¿Tú podrías llevar encima todo lo que tienes?

Los que se hicieron agricultores necesitaban más objetos para cavar la tierra y cuidar sus cultivos. Había de todo, desde arados y muelas para moler el grano hasta vasijas para almacenar la comida.

Recolectores de conocimiento

Íbamos recolectando la materia prima que necesitábamos para hacer herramientas. Como por ejemplo el sílex. Es una variedad de piedra perfecta para fabricar cosas afiladas, como cuchillos y hachas.

Pero lo que nos hace especiales es que siempre estamos esforzándonos en aprender más. Queremos tener herramientas e instrumentos de caza más eficaces, y vasijas mejores para almacenar y preparar comida.

El objetivo siempre ha sido una vida mejor, y hemos aprendido que todo a nuestro alrededor crece y que las estaciones del año vienen

y van. Era importante saber qué plantas eran nutritivas o venenosas y cuáles se podían usar como medicina, dónde se encontraban y cuándo estaban maduras.

Examinábamos con atención el entorno para encontrar agua y alimento con facilidad y estábamos atentos a cómo se comportaban los animales. Si se avecinaba una tormenta o una sequía no tardábamos en ver las señales en la naturaleza.

Ya cuando éramos cazadores-recolectores aprendimos a arreglárnoslas con las lluvias torrenciales y el frío. Se nos daba cada vez mejor hacer ropa y construir tejados bajo los que cobijarnos. Tendíamos trampas, curábamos las mordeduras de serpiente y nos escondíamos de los depredadores hambrientos.

Los niños aprendían de los adultos y no tardaban en ser más hábiles que los mayores, y les transmitían el conocimiento a sus hijos.

Trabajo y tiempo libre

La vida de los cazadores-recolectores era dura, y también muy peligrosa. Competían entre ellos y con los grandes depredadores por la comida. A veces había alimentos en abundancia y podían quedarse en un lugar más tiempo y tomarse las cosas con calma. Otras veces se pasaban semanas sin encontrar ni un arándano podrido. Se veían obligados a trepar muy alto o a bucear por las profundidades para no morir de hambre. Pero también llevaban una vida más libre y variopinta que la de los agricultores en épocas posteriores de la historia.

Un agricultor tiene que estar trabajando a todas horas para que las cosechas prosperen. El obrero debe tener muchos clientes para salir adelante. El trabajador de una fábrica se deja la piel durante horas en su puesto y el trabajador de una oficina tiene que pasarse el día entero sentado.

El horario laboral ha ido cambiando a lo largo de la historia. Hoy en día, la mayoría trabaja unas 40 horas a la semana y tiene que invertir mucho tiempo yendo y viniendo del trabajo, preparando comida y limpiando.

Los cazadores-recolectores no tenían que quitar las malas hierbas, no había muchos platos que fregar y no parece que la limpieza fuera lo suyo.

Comida y ejercicio

Los cazadores-recolectores comían lo que encontraban y lo que cazaban, por eso la alimentación se fue haciendo variada. Parece que el riesgo de morir de hambre era menor para ellos que para los agricultores de épocas posteriores, y además estaban más sanos. Eso se debía precisamente a la comida variada y a que vivían juntos en grupos más pequeños en la naturaleza.

La mayoría de los cazadores-recolectores se movían mucho y tenían una constitución y una condición física muy buenas. Pero cualquier heridita podía causarles una infección y la muerte. A una persona que estuviera herida o fuera mayor y débil podían abandonarla o incluso matarla.

Pero también hay evidencias de que los seres humanos se ocupaban unos de otros y se cuidaban. Es posible que hubiera una diferencia entre los nómadas y los que estaban más asentados. Si tenían que caminar distancias largas, era más complicado ir cargando con un enfermo o un herido.

Era muy triste, desde luego, pero también una parte natural de su vida. A nosotros nos parece un disparate.

De sabelotodos a expertos

Nuestros predecesores sabían mucho sobre muchas cosas. Para nosotros hoy es distinto: sabemos mucho sobre muy poco. Como individuos tenían más conocimientos que nosotros. Estaban obligados a tenerlos para sobrevivir. Pero como colectivo, juntos, nosotros ahora sabemos más.

No solo conocían bien toda la naturaleza, sino que además se les daba muy bien crear lo que necesitaban con sus propias manos. En realidad, eran tan inteligentes como nosotros, pero en la vida que llevamos nos hacen falta chismes más complicados y tú y yo no sabemos hacerlos solos. Pero juntos somos capaces de fabricar objetos complejos como los ordenadores o los coches.

Tenemos expertos que pueden encontrar materias primas en la naturaleza y hacer metales con los minerales. Otros especialistas conocen todas las propiedades de los metales y saben hacer vigas, tornillos, tuercas y chapas con el hierro. En las grandes fábricas, los trabajadores moldean y ensamblan el material para hacer coches. Cuando el coche está listo, ha habido cientos de manos y de cerebros que han trabajado en cada una de las piezas.

Hemos pasado de ser expertos en supervivencia que sabían todo acerca de la naturaleza y fabricaban sus propias herramientas a ser especialistas en menos cosas.

El cambio se produjo cuando algunas personas empezaron a usar la tierra y tuvieron que hacerse expertos en los cultivos.

Transportes
sara
S. A.
Minerales
Paco S. A.
Hierro +
tornillo S. A.
Fábrica
de coches
Transportes
sara 2.0

Empezamos a cultivar

El ser humano como agricultor

Hace entre 10 000 y 12 000 años tuvo lugar la siguiente revolución de la historia de la humanidad, la revolución neolítica.

No parece muy extraordinario el que la gente empezara a domesticar animales y plantas. Pero llevábamos 2,5 millones de años recolectando plantas salvajes y cazando animales. Nos adaptábamos a las estaciones del año y a los animales de los que vivíamos.

Sin embargo, en algún lugar donde se encuentran ahora Palestina y Siria la gente comenzó a cultivar trigo. Después la agricultura se extendió por el este hacia Irak e Irán, por el oeste hacia Turquía y por el sur hacia Egipto.

¡Ajá!

Hay momentos de la historia en los que pienso bastante. ¿Cómo se le ocurrió a alguien quemar cosas hechas de arcilla para que se endurecieran y fueran impermeables? ¿Quién inventó la rueda y cómo? ¿Cuántas veces le saldría mal? ¿Y cómo se dio cuenta alguien de que era posible controlar la naturaleza?

El trigo era silvestre y empezaron a recolectarlo mucho antes de que alguien empezara a cultivar. Ya maduro, la gente se quedaba en el mismo lugar para cosecharlo. El resto del año podían pescar o seguían las migraciones de las ovejas salvajes.

Se llevaban a su campamento todo el trigo que podían cargar y parte de las semillas iban cayéndose al suelo. Al año siguiente veían que crecía trigo por el camino hasta el poblado.

Debió de ser fantástico cuando comprendieron que habían sido ellos mismos los que lo habían sembrado. No tardaron en poner en marcha los cultivos.

Sembrar semillas y echar raíces

Cada año que pasaba se quedaban más tiempo y cultivaban más praderas, y al final no les hizo falta marcharse a buscar comida. Acabaron instalándose. Aprendieron a almacenar el trigo para tener todo el año y domesticaron animales que les daban leche y carne, piel para la ropa y ayuda para llevar cargas pesadas y arar los campos.

Unos mil años después, los seres humanos de otros lugares empezaron a cultivar. Primero se les ocurrió a los chinos cómo cultivar arroz, mijo y domesticar a los cerdos. En Nueva Guinea aprendieron a cultivar caña de azúcar y plátanos; en Centroamérica, maíz y alubias. En Sudamérica cultivaban patatas y domesticaban llamas; en África Occidental, mijo, trigo y sorgo; y en Norteamérica, calabazas. La agricultura arrancó en muchos lugares diferentes.

Había buenas reservas de agua, una cosecha que crecía bien y animales idóneos para domesticar. Que todo esto sucediera casi a la vez y en ese momento seguramente se debió a que el clima se estaba volviendo más cálido.

Trabajar y deslomarse

Ya se nos había ocurrido cómo vivir más cómodos y conseguir los alimentos cerca.

Sin embargo, no todo era perfecto.

Nuestro cuerpo no está hecho para cavar en el suelo y agacharse para quitar las malas hierbas. El esqueleto y los músculos que tenemos son más adecuados para correr y trepar por los árboles. Así es como nuestro cuerpo se encuentra mejor y aguanta más.

Los restos de esqueletos de aquella época muestran signos de que los agricultores tenían problemas de espalda.

A propósito del esqueleto: el cambio en los hábitos alimenticios también provocó que los dientes se deterioraran. Nuestros pobres predecesores seguramente tuvieran a menudo dolores de muela horribles.

Más problemas

Toda la vida cambió. El simple hecho de que tuviéramos vivienda y suelo fue una gran transformación. Los agricultores se vieron obligados a vigilar su valiosa tierra y su casa. Tenían que vivir cerca de los campos para sembrar y cosechar y mantener a raya las malas hierbas y las plagas.

El grano que guardaban en los almacenes era muy importante y se vieron obligados a protegerlo de enemigos y ladrones.

El clima y el viento también podían provocar daños y la agricultura era delicada. Un año de mala cosecha era una catástrofe y en ese caso pasaban hambre.

Puede que los cazadores-recolectores tuvieran más posibilidades de sobrevivir un año malo. Estaban acostumbrados a comer cosas distintas y podían seguir desplazándose para encontrar alimentos en otro sitio.

A menudo los agricultores cultivaban solo un tipo de grano, y estar siempre comiendo cereales es poco variado. No fortalece mucho las defensas ante enfermedades, resulta pesado para el estómago y es muy malo para los dientes.

Y no solo eso, como la gente vivía muy junta y cerca de sus animales, se contagiaba más fácilmente las enfermedades.

El ser humano había conseguido domesticar a la naturaleza, pero en cierto modo es como si los cereales también hubieran domesticado al ser humano.

Hogar, dulce hogar

¿Es lógico que decidieran hacerse agricultores en lugar de seguir cazando y buscando alimentos? ¿Tú habrías preferido cosechar tu propia comida y vivir en tu propia casa? ¿O te parece mejor dormir en un lecho de hojas de abeto en una cueva en la que tu familia se refugia para protegerse del frío y la lluvia, de depredadores peligrosos y de humanos hostiles?

Sea como fuere, muchos se hicieron agricultores y se asentaron. Por supuesto, aquello tenía sus ventajas, o no habrían escogido esa vida.

Puede que la agricultura no tuviera un éxito tremendo. Pero la parte positiva era que podían cultivar alimentos para mucha gente en un área pequeña.

Conseguimos un hogar y crear una comunidad con los demás. En los poblados echábamos una mano con el riego y combatiendo las plagas, y podíamos sentirnos seguros. Resultaba agradable vivir con otros en el mismo lugar, una generación tras otra. Era un desarrollo completamente natural.

Del cultivo a la civilización

El hogar era el lugar fijo. Allí se encontraban las historias y allí crecían. Con la revolución agrícola empezamos a ver la mayoría de las cosas de un modo distinto. Sentíamos que éramos más importantes porque podíamos procurarnos un lugar donde vivir, influir en la naturaleza, cultivar nuestra comida y domesticar animales.

Pasaron unos mil años desde que los primeros agricultores empezaron a sembrar y cosechar hasta que prácticamente todos los humanos acabaron trabajando con la agricultura de una u otra forma. Comparado con muchos otros cambios de la historia, este fue bastante rápido.

De este cambio surgieron pueblos, ciudades, sociedades y, con el tiempo, civilizaciones enteras. La primera fue Mesopotamia, hace 10 000 años. Luego se desarrollaron civilizaciones en zonas fértiles de Centroamérica, el norte de China, Perú y en el valle del Indo, en India y Pakistán.

Muchas bocas que alimentar

Como los cazadores-recolectores estaban siempre en movimiento, tener varios hijos a la vez resultaba engorroso.

Es probable que abortaran para interrumpir el embarazo y que a veces incluso mataran a los niños no deseados. Las mujeres en las sociedades agrícolas podían tener un hijo al año, y además necesitaban varios niños para que los ayudaran en los campos.

A pesar de que enfermaban más a menudo y de que muchos niños morían, la población aumentó rápido. Más personas necesitaban más comida, para más comida hacían falta más tierras. Tuvieron que quemar bosques, quitar piedras pesadas arrastrándolas, cavar y arar para poder sembrar.

Había que trabajar, aprovisionarse y guardar para tiempos difíciles.

Cuando los niños se hacían adultos, preparaban nuevas tierras para la cosecha, más lejos, y así se fue extendiendo la agricultura poco a poco por el mundo.

La historia nace de verdad

Si vives de encontrar comida cada día, lo único que te preocupan son la noche y el día y los cambios de estaciones. Los cazadores-recolectores no planificaban mucho, pero los agricultores tenían que hacer planes con varios años de antelación.

Así el futuro llegó a ser un concepto. Cuando empezaron a pensar así, también empezaron a echar la vista atrás para ver la evolución de su agricultura, qué casas habían construido y qué tierras habían cultivado. El tiempo y el lugar se convirtieron en cosas importantes.

Sabían que llegarían años malos, pero también que podían hacer algo al respecto. Podían organizar mejor el riego, protegerse mejor de plagas y preparar para el cultivo zonas más extensas.

La expulsión de los indígenas

Cuando la agricultura fue conquistando el mundo y transformando la naturaleza, se apartó a quienes vivían de la caza y la recolecta. Los indígenas siguen siendo vulnerables. Pero ahora la amenaza es otra. Casi siempre es porque alguien ha encontrado materias primas importantes en tierras en las que viven desde siempre. Se cortan caminos, se talan bosques, prospera la energía hidráulica y cavan minas. Eso destruye el entorno.

Los antiguos cazadores-recolectores fueron adaptándose a otra vida. La mayoría empezó a cultivar plantas y a domesticar ganado.

Domesticar animales

Todos los perros descienden del lobo. Pero ¿cómo llegaron a domesticarlos?

Tal vez cuando un cazador matara a una loba cuidara de uno de sus cachorros. No lo domesticaba enseguida, pero como le daba comida y cobijo poco a poco el animal iba sintiéndose a gusto.

El cazador encontraba más cachorros, que tenían crías. Y con cada generación los lobos se volvían más mansos. Acompañaban a los humanos, los ayudaban durante la caza y los despertaban cuando se quedaban dormidos.

Aunque por supuesto también pudo haber sido al contrario, que el lobo se acercara al ser humano voluntariamente: y es que no es ninguna tontería obtener comida y cariño sin necesidad de exponerse a grandes peligros.

Con el resto de los animales domésticos quizá la cosa no sucediera de la misma forma. Los humanos le seguían el paso al rebaño de cabras, ovejas, vacas o renos. El rebaño era importante para ellos, por lo que lo protegían de los depredadores y empezaron a alimentar a los animales. De esa forma lo mantenían unido. A los animales que daban problemas y eran agresivos decidían matarlos y comérselos. A los mansos los dejaban vivir y tenían crías. Y generación tras generación los animales se fueron volviendo cada vez más mansos.

Así es como el *sapiens* ha seguido manipulando la evolución, criando animales de buenas características: buenas para el ser humano.

Domesticar la naturaleza

Los cazadores-recolectores no construyeron casas ni calzadas, no cavaban canales y rara vez quemaban los bosques para despejar terrenos. Con los agricultores la cosa era distinta.

Antes éramos solo una pequeña parte de la naturaleza. Pero entonces el ser humano se convirtió en un creador.

Eso afectó a nuestras creencias. De creer en los espíritus de la naturaleza, en los animales y las plantas, pasamos a imaginarnos como dioses que controlaban el mundo del mismo modo que un agricultor controla su terreno.

Domesticar a la gente

El *Codex Holmiensis* de 1241 dice que «la tierra se construirá con la ley». Pero también dice: «Pero, si cada uno está satisfecho con lo suyo y permite a los demás tener el mismo derecho, entonces no hace falta la ley».

Cuando empezamos a ser muchos los que teníamos que convivir en un mismo sitio, no bastaba con que nos mantuviéramos al tanto unos de otros. Ya no conocíamos a todo el mundo que nos rodeaba, de modo que fue necesario crear leyes y normas.

Tal vez los dioses volvieran a cambiar también cuando los pueblos se convirtieron en ciudades y reinos. Los gobernantes afirmaban a menudo que estaban ejecutando la voluntad de los dioses cuando querían mantener el orden. Ya no resultaba tan fácil distinguir entre gobernantes y dioses…

Los representantes de Dios en la Tierra

Poco después:

Como las historias y las normas se fueron haciendo cada vez más complicadas, los líderes religiosos se volvieron muy importantes. Eran los que más contacto tenían con los dioses y podían contar lo que quisieran. Los líderes recibieron distintos nombres. Dentro de la Iglesia cristiana los llaman curas. En el islam son imanes y en el judaísmo, rabinos.

Estos hombres, porque casi siempre eran hombres, alcanzaron mucho poder dado que las historias religiosas y las normas de la vida eran muy importantes para todos. La gente se vio obligada a hacer aportaciones a las iglesias, sinagogas o mezquitas y a los líderes religiosos, que con el tiempo se hicieron muy ricos y poderosos.

Un dios castigador

Todo el poder era de Dios, decían los líderes religiosos. Crearon historias de un poder divino que podía castigar a la gente que no acatara las normas. Y nadie quería meterse en líos con Dios.

Sus leyes se convirtieron en algo que la gente tenía que obedecer. Un ejemplo son «Los diez mandamientos de Dios», que acabaron en la sagrada escritura del cristianismo, la Biblia.

Las plagas, las malas cosechas, las enfermedades e incluso la hambruna se interpretaban como castigos de Dios cuando vivíamos en pecado. Eso era lo que los líderes religiosos podían llegar a contarnos.

Los mitos sobre un dios severo ayudaron a los gobernantes a acumular más poder sobre el pueblo.

La regla de oro

Las religiones tienen un montón de reglas. Puede que aparezcan por escrito en un libro o no. Las reglas no escritas son las que aprendemos de los demás, por ejemplo, los padres. También pueden ser nuestros maestros y otras personas importantes de la sociedad o de la familia.

Estas reglas nos dicen cómo debemos vivir y cómo debemos comportarnos con los demás.

Una es «la regla de oro». Es más o menos igual en todas las religiones y lo que dice es que tienes que tratar a los demás como querrías que te trataran ti. Si yo quiero que seas amable conmigo, entonces yo tengo que ser amable contigo.

En las sociedades modernas tenemos libertad religiosa. Eso significa que cada uno puede creer en lo que quiera, siempre y cuando no limite la vida de los demás. Si mi dios es la Luna y el tuyo el Sol, yo no puedo decir que tu fe esté mal y tú no me puedes decir que la mía esté mal.

Riqueza y poder

Para los agricultores lo importante era tener excedente.

No solo de su comida, sino también de su capital. El capital es el dinero o las cosas de valor con las que se puede comprar.

Con el tiempo ciertas personas adquirieron más tierras que otras y de esa forma consiguieron poder. Se convirtieron en gobernantes. Tal vez ofrecieran a los demás protegerlos de los enemigos y construyeran calzadas. Por supuesto, los que lo hacían exigían que los compensaran y así fue como la gente tuvo que empezar a pagar impuestos.

Los gobernantes y los líderes religiosos se fueron haciendo cada vez más ricos y más poderosos. Decidían todo en la sociedad y se procuraban palacios, monumentos, castillos y templos, que construían esclavos o trabajadores muy mal pagados.

Los gobernantes se repartieron la tierra entre ellos. Hubo negociaciones y peleas y de ahí surgió la política.

El poder se define

La política puede parecer aburrida, pero es muy importante. Porque trata de cómo se dirige la sociedad y cómo es el poder: quiénes son los que deciden y qué es lo que deciden.

Pero la política también son los derechos y las obligaciones que se deben mutuamente el poder y el pueblo, y cómo lo decidimos juntos.

Con la política además llegaron las grandes guerras y los grandes ejércitos. Para los ejércitos hacían falta soldados y los agricultores tuvieron que entregar a sus hijos.

El excedente de los agricultores mantenía a toda la élite de los que tomaban decisiones, funcionarios, soldados, sacerdotes y pensadores de todo tipo. Sobre ellos es sobre quienes podemos leer en los libros de historia. No hay mucha información sobre los agricultores que se dejaban la piel en sus campos y que trabajaban como esclavos para construir calzadas y castillos.

Más y menos

A los cazadores-recolectores no les hacía falta llevar la cuenta del número de conejos que habían atrapado o de los arándanos rojos que había. Pero para los agricultores y los comerciantes las cantidades y los números se volvieron muy importantes.

Desde el principio, las personas con supermemoria capaces de narrar largas historias y mitos eran las que también tenían que llevar en la cabeza las leyes, las normas y las sumas. Pese a que la gente en esa época era experta en recordar cosas y seguro que tenían métodos ingeniosos para ello, al final aquello empezó a ser demasiado como para retenerlo todo en la cabeza.

Los arqueólogos han encontrado fichas de cálculo de arcilla por todo Oriente Medio. Palitos, bolas y conos, que ayudaban a sumar o restar. Las distintas formas representaban distintos números y los restos más antiguos que se han encontrado tienen 10 000 años, de modo que las matemáticas ya existían entonces.

El lenguaje se convierte en símbolos

Hace algo más de 5000 años, a los sumerios se les ocurrió otra cosa muy ingeniosa: la escritura. *Escritura* significa simplemente guardar información con símbolos en un objeto. Tal y como yo estoy haciendo ahora mientras escribo estas letras en el ordenador. Pero las cifras en la escritura cuneiforme de los sumerios eran reproducciones de las fichas de cálculo. Y una vez pudieron acumular sumas y cantidades, dejaron de necesitar recordarlo todo.

Los sumerios vivían en el sur de Mesopotamia (hoy Irán) en la zona alrededor del Éufrates y el Tigris. De allí provienen muchos de los conocimientos que siguen valiendo.

Las cifras que usamos proceden de la India, pero fueron los árabes los que las trajeron hacia el oeste, y por eso se llaman indo-arábigas o solo arábigas. Con ellas llegó también nuestro sistema numérico, basado en las decenas. Por eso podemos usar los diez dedos al contar.

Pero los sumerios tenían otro sistema, basado en el número 6. Eso también lo hemos heredado nosotros, por eso nuestros días tienen 24 horas; una hora, 60 minutos y un círculo, 360 grados: todo es divisible por 6.

¿Un siete y un cerdo?

El sistema de escritura sumerio se componía de dos tipos de símbolos distintos que grababan en tablillas de barro.

Uno de los tipos de símbolos eran las cifras, y el otro, las representaciones de humanos, animales, objetos, lugares y otras cosas de las que necesitaban llevar la cuenta. No había historias, sino solo datos aburridos sobre quién era el dueño de una casa en concreto, qué cantidad de semillas había pagado como impuestos alguien y así sucesivamente.

También se incluye el nombre de quien ha pagado, y esos son los primeros nombres de personas reales de los que tenemos conocimiento.

Habría sido más divertido que hubiera cuentos y diarios. Desconocemos qué palabras utilizaban para describir su vida. Los símbolos no servían para contar historias. Los poemas y los mitos eran más fáciles de recordar y de transmitir a la siguiente generación.

Historias escritas

En Mesopotamia se fueron inventando cada vez más símbolos de escritura y hace 4500 años había tantos que los reyes podían escribirle a la gente mensajes. Se extendió de tal forma que hasta la gente normal y corriente aprendió a escribir. Desde entonces es posible dejar por escrito las historias. Se conservan incluso cartas que la gente se mandaba hace 4000 años.

Más o menos en esa época, los egipcios inventaron los jeroglíficos. Un poco más tarde se creó la lengua escrita china y hace 3000 años también inventaron sus propias letras en Centroamérica. Seguramente pasara lo mismo en todas partes: necesitaban almacenar información y por eso se inventaron una lengua escrita.

Los mitos y los cuentos por fin podían escribirse y preservarse para que los leamos hoy en día.

Un montón de tablillas

También debió de haber un montón de trabajo. Los sumerios escribían en tablillas de barro que quemaban o dejaban secar al sol para que se endurecieran y poder guardarlas. En cuestión de pocos años había miles de tablillas que conservar.

Necesitaban escribas especiales y grandes archivos para almacenarlas. Desarrollaron sistemas para conservar tal cantidad de datos y que resultara sencillo consultar la información correcta. Puede que la gente quisiera comprobar que había pagado sus impuestos, de lo contrario corrían el riesgo de tener que pagar dos veces.

Fundaron escuelas para escribas y expertos que se encargaran de todos los documentos y así se creó una nueva profesión.

Ahora no necesitamos las tablillas de barro: recopilamos todo en servidores de datos enormes. Me pregunto qué método será más seguro. Los sumerios no tenían ordenadores que pudieran romperse, y no temían que los *hackers,* los virus o un corte del suministro eléctrico fueran a alterar el orden. Pero seguro que sí que temían que un terremoto rompiera todas las tablillas.

¿La primera escritura de Europa?

No resulta fácil ordenar con precisión nuestra historia, porque de cuando en cuando los arqueólogos encuentran cosas nuevas. Y entonces hay que volver a escribir la historia. Es posible que eso es lo que haya pasado con las primeras lenguas escritas.

En 1961 se encontraron tres tablas de arcilla en Tartaria, un pueblo de Rumanía. Estaban llenas de símbolos e imágenes que podrían ser una forma de escritura.

Ha resultado complicado determinar lo antiguas que son, pero probablemente daten de hace unos 7300 años. Eso significaría que los agricultores de Europa tenían una lengua escrita 2000 años antes que los habitantes de Mesopotamia y Egipto.

Por desgracia, nadie ha conseguido interpretar lo que quieren decir los símbolos. Los investigadores creen que las tablas tienen algo que ver con la religión, que se usaban en ceremonias en las que los agricultores les rezaban a sus diosas de la tierra. Pero nadie lo sabe.

Entrar en otra época

Antes de la agricultura vivíamos juntos en grupos reducidos. Colaborábamos hasta con un centenar de personas. Pero después de que empezáramos a labrar la tierra y de que nos mudáramos a pueblos y ciudades, podíamos llegar a convivir con miles de personas. ¿Cómo nos las arreglamos para que no resultara demasiado engorroso?

La respuesta es que creíamos en las mismas historias. Que además fueron cambiando conforme cambiaba nuestra vida.

Las historias hablaban de quién tenía el poder y quién no. Saber qué lugar ocupabas en ese orden resultaba tranquilizador, fuera cual fuera. Todos veían aquellas diferencias como algo que Dios había decidido. Era natural que algunos fueran más importantes que otros. Los ricos y los pobres no eran iguales, tampoco las personas libres y los esclavos.

Pero siempre hemos aspirado a ascender y hemos querido mejorar, así que las sublevaciones y las revueltas contra el poder no han sido pocas.

Aunque decidamos que todos los seres humanos tienen el mismo valor, estas historias siguen existiendo y las injusticias siguen existiendo. La idea de que somos diferentes ha conducido a un montón de tonterías a lo largo de la historia.

Siempre se ha oprimido, se ha expulsado y se ha matado a grupos de gente, y además ha ocurrido en todas las partes del mundo. A los indígenas los han echado, los han esclavizado y prácticamente los han exterminado.

¿Qué significaba *Homo sapiens*? ¿Persona sabia? A veces me pregunto si no deberíamos buscarnos otro nombre.

Homo TONTIUS.

Todos juntos

Las culturas se fusionan

El *Homo sapiens* se extendió por el mundo y creó distintas culturas en las que la gente vivía sin conocer a los demás. Cuando los agricultores empezaron a plantar las primeras semillas, había miles de mundos humanos aislados.

En el año 1450 los seres humanos vivían en un mundo en el que había diferentes culturas ligadas cultural, política y económicamente. Pero también había personas que no tenían nada de contacto con ninguna otra cultura más que la propia.

Cuando más adelante los europeos partieron en expediciones para explorar y conquistar, engulleron las demás culturas en un abrir y cerrar de ojos.

Desde entonces el mundo se ha vuelto más pequeño y ahora podemos tener siempre noticias de la otra punta del planeta. La gente de todos los países comercia con el resto y se ve cruzando los mares, viajamos y jugamos al fútbol unos con otros, y todos seguimos las mismas normas.

¿Cómo es posible?

Nosotros y ellos

Hace mucho tiempo, cuando los gobernantes empezaron a fijar fronteras y a crear Estados, decían que todos los que vivían en el país eran mejores que los que vivían al otro lado de la frontera.

No cuesta mucho conseguir que lo pensemos, porque es algo que nos pasa de forma natural. Desde que somos bebés sabemos ya a qué grupo pertenecemos. Siempre se nos ha dado bien distinguir entre nosotros y ellos, creíamos que los demás eran peores, por el simple hecho de que provenían de otro lugar o de que tenían un aspecto diferente.

La gente de un país estaba de acuerdo en eso y se sentía orgullosa por ser mejor que los demás. Por eso los gobernantes eran capaces de mantener a la gente y al país unidos y conservaban el poder.

Comerciantes, conquistadores y profetas

La historia también nos muestra que el mundo entero estaba unificándose poco a poco, y que lo que nos unía eran tres cosas:

La economía: nos inventamos el dinero y empezamos a comerciar unos con otros.

La política: creamos las normas que dictan cómo funcionan las sociedades y los imperios conquistaron extensos territorios.

Las religiones: se hicieron más grandes y se extendieron por el mundo.

De modo que fueron los comerciantes, los conquistadores y los profetas los que hicieron el mundo más pequeño.

Los comerciantes entienden el mundo como un único mercado gigantesco en el que todas las personas son clientes.

Los conquistadores ven el mundo como un único imperio en potencia y a todas las personas como súbditos.

Los profetas quieren
que la gente crea
en sus dioses.

Así es como conquistaron el mundo y así sigue siendo. Pero ahora también estamos más cerca de los demás al escuchar la misma música, ver las mismas películas, jugar a los mismos juegos, comer la misma comida y ser del mismo equipo de fútbol.

El mundo se ha hecho más pequeño porque hay menos ellos y más nosotros.

¿Albóndigas suecas?

Aunque claro que existen diferencias. Muchas veces oímos hablar de culturas gastronómicas distintas. Si vas a un restaurante italiano, sabes que tiene espaguetis; en algunos restaurantes indios muchos platos tienen chili, y en un restaurante sueco casi siempre puedes comer albóndigas.

Pero ¿hasta qué punto es cierto? Los espaguetis vienen de Asia, el chile de Sudamérica y albóndigas hay por todo el mundo.

Todas las culturas han adaptado cosas de las demás y con ello se han transformado. Aun así, muchos creen que su cultura es «pura» y única, que siempre ha existido y que es mejor que las demás. Pero lo cierto es que una cultura que no asimila cosas de otras se aísla y acaba extinguiéndose.

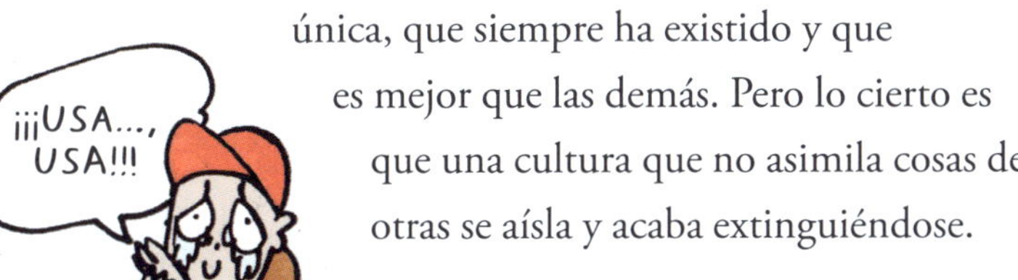

Comprar y vender

Probablemente siempre hayamos estado intercambiando objetos. Y seguro que también hemos llegado a trabajar para conseguir una nueva hacha de piedra. El que fuera muy bueno esculpiendo sílex podía conseguir una piel preciosa a cambio de cien puntas de flechas.

Cuando la gente se hizo agricultora, empezó a necesitar otras cosas, cosas que no tenían tiempo de hacer. Uno fabricaba herramientas, a otro se le daba bien coser, curar enfermedades o confeccionar zapatos.

Pero resulta complicado decidir el valor de los objetos y los servicios. ¿Cuánto valía que una persona le curara el dolor de muelas a otra? ¿Era suficiente un kilo de harina o un par de zapatos? ¿O valía lo mismo un saco de peras que un saco de manzanas?

Al final a alguien se le ocurrió un sistema que solucionara la cuestión, y ese sistema se llama dinero.

La moneda

El dinero no se inventó en un momento dado en un solo lugar. Fue algo que ocurrió en varios sitios en distintos momentos.

Desde el punto de vista meramente técnico, no fue una gran invención. Pero sí que supuso un gran cambio en cómo pensaba la gente. El dinero es solo una cosa inventada. Se puede comerciar con lo que sea: caracolas, cereales o plata. No importa, siempre que estemos de acuerdo en el valor que tienen.

En los campos de concentración durante la Segunda Guerra Mundial a veces usaban los cigarros. En ese momento los cigarros eran una moneda como el euro, la corona, el dólar, el dinar y la libra.

El primer dinero

Los sumerios también fueron los primeros en tener dinero. Hace unos 5000 años empezaron a comerciar de verdad y necesitaban algo que les facilitara comprar y vender artículos. Decidieron usar los cereales como moneda. No parece muy práctico, pero se trataba de un dinero que podían almacenar, aunque en realidad también podían comérselo. De ese modo, el dinero tenía un valor de por sí.

Un sila era más o menos un litro de grano de cereales. Llegaron a producir unas vasijas especiales con la medida exacta de un sila para que resultara sencillo pagar.

Como a los sumerios se les daba muy bien documentar las cosas en sus tablillas de barro, sabemos que un trabajador ganaba 60 silas al mes, y una trabajadora, 30. (Hace 5000 años ya era injusta la situación…). Un superior que dirigiera el trabajo podía ganar entre 1200 y 5000 silas al mes. El superior sería incapaz de comerse todo el sueldo, así que podía cambiarlo por otros

bienes como aceite, cabras, frutas y esclavos. Seguramente tuviera una caseta entera como almacén o caja fuerte. Existía el riesgo de que aparecieran ratas y se comieran el dinero. Tal vez fuera entonces cuando los gatos se convirtieron en nuestras mascotas.

Pero ¿cuántos carros harían falta para transportar el dinero-cereal si se compraba una casa? Necesitaban una forma de pago más ingeniosa.

¡Plata!

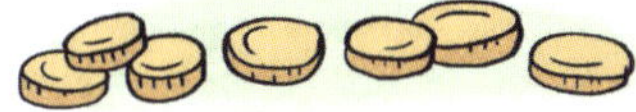

Hemos sacado bastantes cosas de la zona que hay entre los ríos Éufrates y Tigris, donde surgieron las primeras civilizaciones. El dinero comenzó a circular allí, al igual que la primera rueda.

En Mesopotamia inventaron dinero que no se comía y era fácil de transportar. Ya hace más de 4000 años, y era la plata. 8,33 gramos eran un siclo de plata y eso se convirtió en la moneda. Un siclo de plata pesaba igual que una moneda de un euro y una de veinte céntimos. No tenían monedas, pero pesaban la plata para pagar. Un paso en la dirección correcta.

La llegada de las monedas

La primera moneda se creó en Lidia, en lo que hoy es Turquía. El rey Aliates mandó acuñarlas hace 2660 años. *Acuñar* significa sellar una imagen o un texto en algo, como el oro o la plata. La acuñación garantizaba que el dinero era del peso y el valor correctos. No hacía falta pesar las monedas y de ese modo comerciar se volvió aún más sencillo.

Además, al acuñar las monedas resultaba más difícil falsificarlas. Se convirtió en un sistema seguro.

Un auténtico éxito

Todo el mundo pensaba que la moneda era una invención fantástica. Sobre todo los soldados, que ya no tenían que llevar a rastras pesados sacos de cereales por el campo de batalla.

Para el Estado ahora era más sencillo gestionar los impuestos y los pagos. Y el comercio entre países distintos también se volvió mucho más fácil.

De esa forma, el dinero ayudó a unificar a la gente y a los países. Daba igual en qué dioses creyeran y qué lengua hablaran: todos confiaban en el dinero. De hecho, confiaban más en el dinero que en la gente…

Magia

Usar monedas es muy inteligente. Resulta mucho más fácil comprar algo con dinero que con manzanas. Las manzanas ocupan mucho espacio y se pudren, pero las monedas las podemos guardar.

Hoy no hace falta ni llevar dinero en la cartera. Basta con tener una tarjeta de crédito o un móvil. El dinero son las cifras en una cuenta bancaria. Cuando pagas, se reduce el valor de tu cuenta y se suma al de la persona a quien le estás comprando.

Una de las maravillas del dinero es que transforma una cosa en otra. Es como magia. Si pintas un cuadro y lo vendes por 30 euros, puedes comprarte un libro interesantísimo y un kilo de chucherías. Y pasta de dientes. El cuadro se ha convertido en un libro y en un montón de caramelos. Y en pasta de dientes. Al final, aún usamos un tipo de trueque.

Grande y pequeño

Hace 9000 años, las ciudades más grandes tenían 10 000 habitantes. Algunas de las ciudades llegaron a ser ciudades-Estado. Era un Estado con un rey y ejército propio. Los países también fueron aumentando de tamaño y, hace 4000 años, unos cuantos se convirtieron en imperios.

Para que a un reino lo llamen imperio debe someter a otra gente que tenga su propio país, cultura y lengua.

Un imperio busca constantemente seguir conquistando y ampliando sus fronteras. Resulta increíble que grandes reinos e imperios como Mesopotamia, China y el Imperio romano se mantuvieran unificados por una creencia común en mitos que se habían inventado los seres humanos. Una creencia puede llegar ser tan poderosa que la gente incluso va a la guerra para matar a los que veneran a otros dioses.

Difundir y adoptar ideas

Para que fuera posible controlar a mucha gente distinta, los gobernantes exigían que todo el mundo usara la misma moneda y la misma lengua, obedeciera las mismas leyes y creyera en las mismas ideas.

Algunos querían conquistar para que a la gente le fuera mejor. Otros afirmaban que se dedicaban a invadir para difundir conocimientos y justicia. Un tercer motivo para devastar y asesinar era imponer su religión a los demás. Pero la riqueza y el poder seguramente fueran el motivo más habitual.

Es más, algunos imperios adoptaron el pensamiento y las ideas de las tierras que conquistaron. Los romanos incluso se quedaron con dioses de los pueblos que gobernaban. Así es como se fueron mezclando las culturas.

Subyugados hasta la unidad

Por supuesto, muchos se disgustaban y se rebelaban contra el imperio cuando trataba de invadir sus tierras. Sabían que la vida dentro de un imperio va cambiando con el tiempo. Primero desaparecen las fronteras del país.

Luego obligan a todo el mundo a creer en los dioses de los gobernantes y las lenguas antiguas desaparecen. Poco a poco todo el mundo termina hablando la misma lengua dentro del imperio. La gente se mezcla y entonces aquello ya no es un imperio, sino un país enorme.

Que la Tierra se unificara puede parecer muy bonito, pero hubo muchos que tuvieron que pagar un precio muy alto por ello. Los que perdieron su libertad, su país, su lengua y su cultura.

La parte positiva de los imperios era que con el tiempo fueron fomentando la investigación y la cultura. No utilizaban toda la riqueza que birlaban en grandes ejércitos, fortalezas y palacios. También construían calzadas, puentes y acueductos*, creaban leyes y tribunales, fomentaban el arte y la filosofía.

---

* *Acueducto* viene del latín y significa 'conducto de agua'. El acueducto es como un puente que lleva agua. Y un viaducto es un puente para vehículos.

El mundo entero: ¿un imperio?

Durante algo más de 2000 años muchos han pasado su vida en un imperio. Es posible que algún día el mundo entero llegue a ser un único imperio gigantesco.

Tal vez deba ser así. Por supuesto, cada país tiene su propia economía, sus propias leyes y culturas, pero también hay problemas globales que tenemos que solucionar juntos. No podemos colaborar si los países se esconden tras sus fronteras y piensan que los demás son todos tontos.

A eso se le llama nacionalismo y nos ha llevado a muchas guerras. Los nacionalistas ponen su país por delante de todos los demás. No quieren que su propia gente se mezcle con otra, a la que consideran más débil. Ahí es cuando el nacionalismo se convierte en racismo.

En realidad, los imperios han logrado unir a los pueblos y la economía global ha facilitado que la gente se conozca.

Amigo o extraño

Las normas sobre cómo debe vivir la gente y cómo debe comportarse han sido importantes siempre. A eso lo llamamos ética. De ahí surge la noción de qué está bien y mal: eso es la moral. La ética se volvió más evidente con las religiones.

Las historias, las normas y cómo se expresan con palabras, imágenes y formas de arte evolucionaron según los lugares y culturas.

Pero lo de que debas tratar a los demás como querrías que te trataran a ti («la regla de oro») funciona mejor dentro de una cultura o un grupo. Lo curioso es que rara vez le damos la misma importancia cuando hablamos de extraños, o sea, de aquellos que no pertenecen al grupo.

También es triste que las historias se interpretan de formas diferentes. Eso ha provocado que las religiones se dividan en varias direcciones. Es lo que ha ocurrido tanto con el cristianismo como con el islam. En los peores conflictos de nuestra historia, los que han luchado han sido seres humanos que en el fondo creían en el mismo dios y, en gran medida, en las mismas historias.

¡A saquear en nombre de Dios!

Un ejemplo de cómo vemos a los demás son los caballeros cristianos.

Eran hombres ricos que escuchaban al cura cuando les contaba que las riquezas y la avaricia eran malas. Después mandaban celebrar festines extraordinarios con comida y bebida en abundancia. Les encantaba luchar, y querían pelear por su honor y matar a quienes creían en otros dioses.

Empezaron a aventurarse en las cruzadas. Los caballeros se dedicaban a rezarle al dios del cristianismo, a matar gente y a saquear. A la Iglesia cristiana le parecía bien que les dieran muerte a los paganos. Y los caballeros fueron quedándose con riquezas inmensas y encima los hacían santos.

Ese tipo de discrepancias existen en todas las culturas y las religiones. Ya sabes: nosotros y ellos…

A vueltas con los dioses…

De modo que, junto con el dinero y los imperios, la religión ha sido muy importante para unir a la humanidad.

No está de más recordar que han llegado a existir miles de religiones en el mundo. Han tenido una relevancia enorme en cómo son las sociedades hoy en día y cómo vivimos nuestra vida. Las religiones han unido a la gente, pero también han provocado graves conflictos, persecuciones, asesinatos y guerras. Demuestran el poder que tiene la fe en las historias.

En los últimos siglos, sin embargo, han perdido parte de su relevancia. En lugar de en las religiones, ahora muchos de nosotros creemos en otras formas de pensar y en otros ideales.

¿Hablas danés?

Hoy la mayoría de los seres humanos de la Tierra son parte de una única red global. Gracias al comercio, los imperios y la religión. Pero ahora se ha añadido una cultura común y son más las cosas que nos unen que las que nos separan. Tenemos sueños muy parecidos y nuestra noción de lo que está bien y lo que está mal es, a grandes rasgos, la misma.

Ahora algo más de dos mil millones de personas son cristianas; casi dos mil millones son musulmanas; un poco más de mil millones, hindúes; quinientos millones son budistas; casi el mismo número de gente cree en algún tipo de religiosidad popular y muchos millones de personas pertenecen al judaísmo. El inglés se ha ido extendiendo.

¿Habría sido posible que varios miles de millones de personas hubieran empezado a creer en los dioses de la mitología nórdica, que el danés fuera una lengua internacional ?

Nadie puede decirlo, pero resulta alucinante pensar que todo podría haber sido muy diferente. Sobre todo, es interesante no olvidarlo cuando pensamos en el futuro.

¿Derecha, izquierda o todo recto?

La historia tiene un montón de encrucijadas en las que la humanidad ha escogido un camino o ha terminado en él de casualidad. Mirar atrás es fácil, pero en cada encrucijada se abren varios cientos de nuevas posibilidades. Nos resulta complicado ver lo que sucederá si escogemos un camino en concreto. Cuando nos encontramos en medio del paso del tiempo, no tenemos ni idea. Lo único que podemos hacer es intentar adivinar lo que se avecina.

Los primeros humanos que sembraron trigo no podían comprender que su elección de vida acabaría conduciendo a la creación de ciudades, países y civilizaciones.

Hace 500 años la gente de Sudamérica vio navíos atracando en su costa y a personas extrañas corriendo a tierra firme. No podían imaginarse que los recién llegados iban a acabar con su imperio.

La historia no está clara de antemano, sino que es caótica. Puede llegar a suceder cualquier cosa.

Si estudiamos historia, no podremos aprender mucho acerca del futuro, pero sí podremos ver todas las decisiones que nos han llevado a donde nos encontramos hoy. Iremos ampliando nuestros horizontes y tal vez nos volvamos un poco más sensatos y seamos capaces de pensar un poco más allá.

Mentira y verdad

Debemos ser críticos al estudiar la historia, porque hay una cosa segura: en su mayoría, los que la escriben son los que tienen el poder.

A menudo, los narradores han sido comerciantes, conquistadores y curas. Para la gente de los lugares que han invadido era una verdadera catástrofe. Los obligaban a creer en un dios, se aprovechaban de ellos, llegaban incluso a venderlos como esclavos. El comercio de esclavos siempre había existido, pero los europeos y los americanos lo convirtieron en una gran industria.

Hasta hace dos siglos las víctimas no tuvieron la posibilidad de empezar a contar sus historias y de concienciarnos acerca de los abusos y el racismo que sufrieron.

Y hoy hay muchos pueblos que están pidiendo que les devuelvan objetos y reliquias de difuntos que los europeos les fueron birlando a lo largo de los años.

¡Qué más da!

No hay nada que indique que las transformaciones de la historia lleven a una mejora para la humanidad. A veces las decisiones parecen evidentes y lógicas, otras veces, extrañas. Así la historia continúa de encrucijada en encrucijada.

Las grandes encrucijadas sucedieron cuando el *Homo sapiens* dio un salto evolutivo y se hizo más inteligente, cuando unos seres humanos decidieron empezar con la agricultura y cuando nos unimos gracias al comercio, los imperios y la religión.

Teníamos un lenguaje, sabíamos escribir y contar y disponíamos de dinero para comerciar. Creíamos saber un montón de cosas sobre el mundo e incluso del cielo, las estrellas y los planetas. Cuando llegamos al año 1500, la humanidad se hallaba ante la próxima gran decisión. Lo ocurrido entonces se conoce como «la revolución científica» y, de nuevo, lo cambió prácticamente todo.

El triunfo de la ciencia

500 años marcan la diferencia

Imagina que eras un agricultor del siglo XI. Una noche te acuestas y te quedas dormido ¡500 años! Te despiertas en el siglo XVI en medio de un montón de bullicio y de libros. Son los marineros de la Santa María, la carabela de Colón, que están preparando un nuevo viaje a través del Atlántico. Te quedas pasmado al ver el moderno barco, pero todo lo demás sigue más o menos como cuando te quedaste dormido.

Imagina ahora que eres un marinero de la Santa María y te quedas dormido 500 años. Te despiertas en el 2000 con un coche pitando, el tono de llamada de un móvil o un avión que está en pleno aterrizaje. Casi nada sigue como cuando te fuiste a dormir. Te preguntas si estás en el cielo o en el infierno.

Hay muchísimos seres humanos pululando a tu alrededor. Cuando te quedaste dormido había unos 500 millones de personas por todo el mundo. A la mayoría no las conocías porque vivían en lugares que no sabías que existían. Cuando te despiertas hay casi siete mil millones de personas, 14 veces más.

En el año 1500 no había muchas ciudades con más de 100 000 habitantes. Las casas rara vez tenían más de tres plantas. Los ruidos eran completamente distintos y las calles eran carriles embarrados. Por la noche las ciudades estaban oscuras y en silencio. Dentro de las casas se encendían lámparas sencillas y hogueras.

Ningún mapa en blanco

Estábamos convencidos de que las religiones podían explicarlo todo y de que los sacerdotes nos contaban todo lo que debíamos saber.

Los que dibujaban los mapas no querían que se notara que había partes del mundo que desconocían. Pero tenían una imaginación estupenda. Así que los lugares de cuya existencia no estaban seguros los llenaban con monstruos fantasiosos, personas extrañas, altas cimas y volcanes.

Entender que no sabemos

Sin embargo, alrededor del 1500, de repente nos parecía bien no saberlo absolutamente todo. El primer paso hacia la nueva ciencia eran la ignorancia y la curiosidad.

El segundo era que empezó a verse bien el buscar nuevos saberes, mirar a tu alrededor y encontrar la respuesta tú mismo, no confiar en las fantasías de viejos excéntricos.

El tercer paso era reconocer que hacía falta educación para que la investigación y el pensamiento progresaran.

Fueron listos al darse cuenta de que no eran tan listos. ¿Me explico? Tenía sentido aceptar que no podían saberlo todo y que las religiones no tenían la respuesta para todo.

Los nuevos mapas que se hacían tenían lugares en blanco que había que explorar de inmediato. Ahora había que pesar, medir, investigar y clasificarlo todo.

Los libros

Otra cosa buena era que el arte de imprimir textos en papel había mejorado bastante y se había hecho más efectivo durante el siglo xv.

Al principio solo se imprimían textos religiosos. Pero después empezaron a hacer libros que hablaban sobre nuevos hallazgos, pensamientos e ideas.

Todo esto llevó a una revolución científica, que comenzó con un malentendido.

«Ya los antiguos griegos...»

Pero antes quiero contarte otra cosa. Como todos los demás cambios en la historia, la revolución científica tampoco surgió de la nada.

Mil años antes de que la ciencia existiera, la gente ya pensaba en la naturaleza y la vida de una forma científica. Esto sucedía en Mesopotamia y Egipto, pero sobre todo en Grecia. O quizá a los griegos se les daba mejor dejar por escrito sus pensamientos y observaciones para que ahora los podamos leer e incluso saber cómo se llamaban los antiguos griegos.

Reflexionaban sobre qué era ser humano y así fue como nació la filosofía. Pero también observaban el espacio y pensaban en lo que se veía allí y cómo se movía alrededor de nuestro planeta. Porque creían que la Tierra era el centro del universo. Pero aquello no terminaba de encajar, y algunos de ellos imaginaron que la Tierra se movía alrededor del Sol. Eso no le gustó mucho a la Iglesia de la Edad Media, así que la Tierra volvió a terminar en el centro, hasta que, a principios del siglo XVI, Copérnico puso en orden… el orden. Colocó el Sol en el centro y pudo contarle a todo el mundo que la Tierra se movía en una órbita alrededor del Sol y que tardaba un año en completar la vuelta. O que el año se debía a ese movimiento. O sea, que fundó sus ideas en el pensamiento de los antiguos griegos.

El malentendido de Colón

Casi todo el mundo estaba de acuerdo en que la Tierra era redonda cuando en 1492 Cristóbal Colón por fin logró zarpar hacia el Atlántico para encontrar un atajo a la India por el oeste. El dinero se lo concedió la reina de España. Seguramente a ella también le interesara encontrar una ruta marítima más corta y más sencilla hasta la India que la que iba por el sur, rodeando África entera.

Colón seguía anclado en una forma de pensar antigua. En los mapas que había visto no había tanta distancia hasta la India. Tampoco existía ningún mapa que mostrara que tenía otro problemilla: había un continente entero en mitad de la ruta.

Cuando el 12 de octubre de 1492 Colón dio con la isla que ahora forma parte de las Bahamas, creyó que estaba en una parte de la India. Por eso a la gente que se encontró allí los llamó indios, y a las islas, Indias Occidentales.

Un error acertado

Hay muchas cosas en la historia que se convirtieron en locuras porque los conquistadores decidían todo sin más.

Los conquistados no tenían ni voz ni voto. Las ideas en las que confiaba Colón hablaban solo de Europa, Asia y África. No se iban a equivocar, ¿no?

Colón siguió bajando por la costa de Sudamérica en varios viajes. Nunca dejó de pensar que aquello era la India.

A mí me da pena; después de todo, se había encontrado con un nuevo continente. Eso era mucho más guay que encontrar un atajo a un país que todos conocían, ¿verdad?

Su viaje transformó la visión del mundo para siempre, y todo cambió para la mayoría de las personas.

Un pequeño paréntesis

Que no hubiera nadie en Europa que supiera que América existía no es del todo cierto. Pero sí para los amigos de Colón.

No tenía ni idea de que 500 años antes los nórdicos habían «encontrado» lo que ellos llamaron Vinland. Y tampoco sabía que los pescadores portugueses atravesaban el Atlántico para pescar en Norteamérica.

Pero ¿qué podía saber un aventurero de finales del siglo XV?

El impulso de un nuevo continente

De modo que el descubrimiento de América supuso el comienzo de la revolución científica. Los antiguos saberes, a menudo puras conjeturas y fantasías, se desmoronaron cuando los científicos de la nueva era empezaron a investigar por su cuenta. Y, para hacerse con el control de nuevos territorios, los conquistadores tenían que aprender un montón sobre la geografía del lugar, el clima, las plantas, los animales, la gente, la lengua, la cultura y su historia. Había que averiguar infinidad de cosas y los científicos se arremangaron y se pusieron manos a la obra.

Los europeos surcaron los mares en todas direcciones para explorar la costa de África y América, atravesaron el océano Pacífico y el Índico. Establecieron redes de comercio y colonias en lugares remotos alrededor de todo el mundo.

Las colonias

Hay colonias desde que los pueblos comercian entre sí. Primero se crearon las colonias comerciales de los fenicios y los griegos alrededor del Mediterráneo, y las colonias agrícolas de los romanos, en las que podían vivir los soldados con sus familias. Una colonia es un lugar del que se apropia un país fuera de sus fronteras.

Desde el siglo XVI hasta el siglo XIX fueron los europeos los que se instalaban lejos de casa para dedicarse a comerciar, a la explotación minera y a los cultivos. A eso lo llamamos colonialismo y se parece mucho a lo que hacían los imperios, que se llama imperialismo.

Los dos conceptos son hermanos.

Los que enviaban las expediciones, los que pagaban la cuenta, estaban encantados de tener nuevas tierras por todo el mundo.

Era ya una cosa rutinaria. Cuando llegaban a un nuevo lugar, decidían que ahora su rey era el dueño, sin más. Una región de África podía volverse francesa de un día para otro.

Ciencia, religión y armas

Los europeos fueron tomando cada vez más territorios por el simple hecho de que podían. Los barcos eran más grandes, más estables y más veloces. Podían hacer viajes largos y contaban con armas modernas que sacaban si se encontraban con resistencia.

Españoles, portugueses, británicos, franceses y muchos más crearon imperios a partir de sus colonias. Por cierto, ¿sabías que España tenía colonias en América?

Los invasores llegaban con enfermedades letales, un dios nuevo y leyes y normas que imponían a todo el que se encontraban. Robaros objetos bonitos, oro, piedras preciosas, madera, minerales y cualquier otra cosa de valor que hubiera, y se llevaron a la gente como esclavos.

La idea de salir a explorar el mundo era buena, pero la revolución científica no nos hizo más humanos. Tuvo que pasar mucho tiempo para que fuera calando la idea de que todos los seres humanos somos iguales en dignidad.

Por lo demás, resulta curioso que fueran sobre todos los europeos los que se dedicaron a viajar por el mundo. Es posible que se debiera en parte a que los cristianos siempre han querido difundir su fe.

China se queda con el este

Los chinos surcaron el océano Índico siete veces entre 1045 y 1433.

Como máximo, intervinieron 300 navíos y 30 000 personas entre tripulación y soldados. Los barcos eran enormes y la armada, gigantesca. Compáralo con los tres pequeños navíos de Colón y un total de 120 marineros.

Los chinos viajaron a Sri Lanka, India, la península arábiga y África oriental, y podrían haber conquistado toda la región alrededor del océano Índico.

Pero aquello no les interesaba. Tampoco les interesaba su vecino, Japón. Se conformaban con ir creando rutas comerciales para su mercancía.

Alrededor de 1430, unos líderes nuevos se hicieron con el poder en Pekín y pusieron fin a las expediciones. Desguazaron los navíos y un montón de saberes cayeron en el olvido. El nuevo régimen se centraba única y exclusivamente en su territorio: China. Puede que tuvieran bastante con aquel imperio tan extenso.

Saqueando, que es gerundio

Los europeos eran insaciables. Lo que mejor se les daba era plantar su bandera en playas nuevas y decir que ahora eran los dueños del lugar. Bueno, no: que su rey, reina o emperador eran el dueño. Y la cosa iba rápido.

Alrededor de 1517, unos españoles que se encontraban en una isla del Caribe oyeron hablar de una tierra vasta y rica en el centro del nuevo continente, lo que ahora conocemos como México. Al cabo de cuatro años, Cortés y sus hombres se hicieron con el Imperio azteca y dejaron su capital en ruinas. Unos diez años después, los españoles conquistaron el Imperio inca, en Sudamérica. Habían prácticamente exterminado dos civilizaciones antiquísimas.

Además, los españoles habían colonizado la mayoría de las islas del Caribe y pusieron a trabajar a los isleños en el campo y en la mina. A los que se rebelaban los mataban, sin más.

En cuestión de 20 años, casi toda la población indígena había desaparecido, pero a los españoles no les suponía ningún problema. Empezaron a traer a los esclavos desde África y ya está. Los europeos creían que, para variar, esa era la voluntad de Dios, aleluya.

El turno de Asia

Los gobernantes de los grandes imperios asiáticos se enteraron de que los europeos habían encontrado un nuevo continente, por supuesto. Pero, pese a que Europa estaba entusiasmadísima con los viajes, ni en el mundo musulmán ni en India ni en China le daban mucha importancia.

El primer mapa mundial chino en el que aparece América no se publicó hasta 1602, y lo hizo un misionario cristiano de Europa.

Las riquezas que los europeos robaban y después transportaban a casa les permitieron partir rumbo al este para conquistar partes de Asia.

Los franceses y los británicos trazaron las fronteras, crearon los países y se repartieron Oriente Medio entre ellos. Lo hicieron sin ningún conocimiento sobre las gentes, las lenguas, las culturas, las religiones y la historia. Muchos de los problemas que existen allí hoy en día se deben a esto.

Con Dios a cuestas

A pesar de todos los nuevos conocimientos y descubrimientos, la Iglesia cristiana mantenía su poder en Europa. Además, la Iglesia tenía dinero de sobra. Por ese motivo les permitían a los religiosos que se unieran a los viajes para explorar.

Cuando los europeos conquistaban nuevas regiones, buscaban difundir su cultura occidental y su religión. Aunque, por supuesto, lo más importante era pillar mercancías solicitadas como el algodón, la seda, el café, el té, el tabaco, los metales preciosos y el petróleo.

La religión les vino muy bien a los que se dedicaban a saquear otras tierras. Les permitía choricear impuestos con la conciencia tranquila. Después de todo, a Dios le gustaba redimir a la gente. Seguro que creían que se estaban portando estupendamente.

Además, estaba muy bien pensado, porque si los indígenas empezaban a creer en el dios de los conquistadores entonces quizá no tuvieran que matarlos a todos y podrían aprovecharse de ellos más fácilmente como trabajadores.

¡Rebelión!

Durante 300 años, los Estados europeos tuvieron el poder en América, el océano Pacífico, el Atlántico y Oceanía. Los indígenas rara vez se rebelaban y los conflictos que surgieron fueron en su mayoría peleas entre europeos.

Hasta el siglo xx la gente de las colonias no empezó a alzarse contra los gobernantes. Las protestas prosperaron muchas veces, y se debió en gran medida a que las injusticias y la lucha se dieron a conocer por todo el mundo. Las noticias se difundieron por periódicos, libros, radios y, más adelante, en la televisión. Los abusos no podían continuar sin que el mundo se enterara. Los pueblos oprimidos recibieron apoyo de gentes de países remotos. Esto es algo que le podemos agradecer a periodistas, autores, fotógrafos y cineastas.

Los pueblos se liberaron, pero las heridas no han desaparecido aún.

Curiosidad por el mar del Sur

El capitán inglés James Cook se embarcó en una conocida expedición a finales del siglo XVIII. Le encargaron que investigara grandes zonas sin explorar por los europeos.

Como era una expedición muy cara, se le unieron científicos de todo tipo. Había, entre otros, expertos en animales y plantas, astronomía y geografía, antropología y medicina. También los acompañaron artistas para pintar imágenes y militares para proteger la expedición.

Fueron viajando por el mar del Sur, visitaron Australia y Nueva Zelanda y, al cabo de dos años, volvieron a Londres. Trajeron cantidades ingentes de descubrimientos e información acerca de lugares desconocidos. Esto estimuló tanto la ciencia como la curiosidad. Todo el mundo quería partir a explorar. Pero también tuvo otras consecuencias. Muchos de los lugares que visitaron se convirtieron en colonias. Así que es difícil decir si las expediciones eran científicas o militares. El imperio europeo seguía creciendo.

El hombre blanco

Allá donde acudían los europeos, apartaban a un lado a los demás y les quitaban sus tierras de caza, aguas de pesca, lugares de comercio, minerales y objetos de valor.

En Norteamérica y Sudamérica apenas sobrevivió una mínima parte de los indígenas cuando los agresivos invasores llegaron en tropel desde Europa. A los que no mataron murieron de enfermedades que habían traído los europeos y contra las que los indígenas no tenían defensas naturales. Sucedió lo mismo por todo el mundo. Lo peor ocurrió en Tasmania, donde no hubo ni una sola persona que sobreviviera a la invasión occidental.

Los nórdicos no son mejores: también iban comprando y vendiendo esclavos por el mundo. Y los países nórdicos oprimieron a su propia población indígena, a los samis, al quitarle grandes zonas de su territorio e imponerles su lengua, cultura y religión.

Es una parte muy triste de su historia.

Darwin

Entre 1831 y 1836 Darwin viajó alrededor del mundo en el navío Beagle. El objetivo de la expedición era, entre otros, dibujar un mapa mejor de la costa sudamericana. Darwin no era naturalista, pero durante el viaje aprendió mucho sobre los animales y las plantas. Estudió en la magnífica biblioteca del barco y llevó a cabo estudios de campo.

Gracias a las experiencias de los cinco años que pasó en alta mar le surgieron muchas ideas y consideraciones y al final escribió un libro que se hizo conocido mundialmente. Se llama *El origen de las especies* y en él afirmó que el ser humano desciende del mono.

Hoy en día resulta difícil entender lo subversivas que fueron las ideas de Darwin. Por suerte, no era el único que pensaba así. Por ejemplo, Carlos Linneo clasificó cien años antes a los seres humanos como primates, o sea, parientes de los monos.

La oposición de la poderosa Iglesia a ideas tan atrevidas fue enorme. La idea de que estamos emparentados con simples monos fue verdaderamente revolucionaria.

¿Algo bueno?

Lo que llevó a la gente a embarcarse para conquistar tierras eran la riqueza y el poder, es decir, la avaricia. Si no hubiera querido ganar dinero, Colón no habría podido ni salir al mar con sus barcos. Pero hicimos cosas horribles a otras especies y a nosotros mismos. Sin embargo, era una parte natural de nuestro deseo de llegar más alto y más lejos, de lograr una vida mejor.

Y la ciencia acompañó documentando cómo vivía la gente, qué lenguas se hablaban, la flora y la fauna, las religiones, las culturas y las tradiciones. Cosas que hoy aprendemos. Pero tal vez lo hicieran para exterminarlos después.

Los imperios apremiaban a buscar nuevos conocimientos. Esto fortalecía a los imperios, ayudaba a las sociedades y al ser humano a prosperar. Y gracias a los hallazgos y el saber, como los medicamentos, las vacunas y la medicina, empezamos a vivir más y a gozar de mejor salud. Además, cuando ya todo no giraba en torno a la supervivencia, comenzamos a vernos de otra forma. Alcanzamos una nueva identidad, teníamos tiempo y la posibilidad de pensar en cosas que no eran lo que íbamos a comer ese día. Nos convertimos en seres independientes. Y habíamos vuelto a demostrar que no queremos dejar de evolucionar.

Europa se expande aún más

El imperialismo no siempre radica en conquistar otros lugares. También puede consistir en tener poder económico: dominar con dinero regiones más allá del propio país. Y también puede suceder que una cultura en concreto se extienda y entonces gane poder sobre otras.

La forma occidental de vivir, de vestirse y de organizar la sociedad se ha convertido en un ideal en muchos lugares del mundo. Que una cultura se vuelva tan dominante y mucho más importante que otras puede parecer un tanto descabellado. Aunque por supuesto que está bien que, por ejemplo, el inglés se haya generalizado y haya facilitado el contacto entre la gente. Y por supuesto que está guay que se juegue al fútbol en todos los países. Que las ideas como la democracia y la igualdad de género se hayan aceptado prácticamente en todo el mundo es aún mejor. Eso no habría sucedido si cada día de la vida lo dedicáramos a sobrevivir.

Cacharros y dinero

El capital

Para que surjan nuevos hallazgos e inventos hace falta gente que crea en el proyecto y quiera invertir dinero. Y recuperar más de lo que han invertido, claro. Así funciona el capitalismo.

El capital puede ser dinero o casas, bosques, tierras, obras de arte, joyas y otros bienes que posea alguien con los que pueda comprar cosas y ganar más dinero.

Para una persona pobre, el cuerpo es el único capital. Los trabajadores alquilan su cuerpo y le venden su tiempo, su fuerza muscular y su creatividad al que compre su mano de obra. Y así es como ganan dinero.

El dinero crece

El capitalismo busca generar crecimiento. Cuando compras algo, el dinero va a la empresa que lo haya producido. Ese dinero lo usan para pagar sueldos y el resto de los gastos. Pueden ser alquileres, máquinas y, por supuesto, materias primas. Pero también queda para los beneficios, y así es como aumenta el capital.

Esto se llama crecimiento. Cuando se producen más cosas, se crean más puestos de trabajo y las empresas consiguen beneficios mayores. Con los beneficios, las empresas pueden dedicarse a inventar nuevos artilugios que podamos comprar tú y yo.

El deseo de ganar más dinero de las empresas hace que inviertan en investigación y desarrollo para sacar productos nuevos y mejores.

El crecimiento ha conducido a una fe aún mayor en el futuro. Junto con los últimos hallazgos e inventos, ha hecho que cada vez más gente quiera invertir en nuevas ideas.

Invertir dinero

Los bancos creen en el futuro y también quieren ganar dinero. Por eso les prestan dinero a proyectos en los que confían.

Antaño, una persona debía tener capital para poder empezar un negocio. Pero la fe en el futuro ha servido para que la gente se atreva a invertir dinero por si las moscas.

Por eso Colón atravesó el Atlántico. La reina Isabel la Católica tenía fe en su idea de encontrar un atajo a la India. Le dio dinero para que consiguiera barcos y los equipara, contratara marineros y comprara todo lo necesario durante aquella aventura incierta.

Tal vez tú también tengas una idea maravillosa. En ese caso, necesitas dinero para llevarla a cabo y querrás que otros tengan fe en ella e inviertan su capital. Si lo invierten, asumirán el riesgo. Puede que tu fabuloso proyecto sea un fracaso. Entonces tendrás que devolver el dinero aunque no hayas obtenido ningún beneficio, si es que puedes. Eso es un riesgo tanto para ti como para quien te haya prestado dinero.

Músculos, viento y agua

No obstante, para producir algo hace falta energía.

La primera energía que se utilizó fue la que se encuentra en el ser humano y los animales: la fuerza muscular.

Al principio eran los humanos los que arrastraban las pesadas ruedas de molino cuando había que moler el grano para hacer harina. Después les tocó a los bueyes, pero con el tiempo a alguna gente muy lista se le ocurrió que el viento y el agua podrían ser de ayuda.

El viento hacía girar las aspas del molino y el agua del río impulsaba la rueda de paletas. La fuerza hacía rotar las ruedas del molino y así se molía el grano.

Hoy han evolucionado a centrales eólicas e hidráulicas que generan energía eléctrica. Con ella se alimentan desde los frigoríficos hasta los trenes, las máquinas de una fábrica y la batería de tu móvil.

Por cierto: sin la energía del viento Colón no habría llegado a ninguna parte con sus barcos.

El vapor

Que tuviera lugar una revolución industrial se debió a que logramos transformar la energía del viento y el agua en movimiento. Después llegó el vapor.

Si te fijas en cómo hierve el agua en una olla, entenderás cómo funciona. Empiezan a salir burbujas y la tapadera da saltitos. Así inventaron la máquina de vapor, que se encendía con carbón para hervir el agua. La presión del vapor movía un pistón dentro de un cilindro: el movimiento del vapor se transformaba en energía mecánica en un motor.

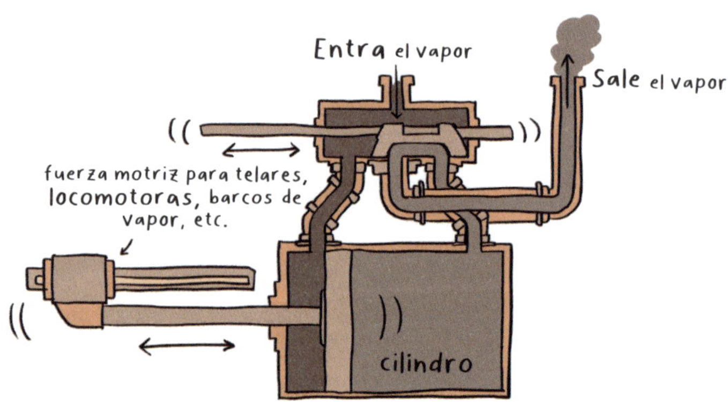

Al principio, usaban las máquinas de vapor para bombear el agua que se filtraba en las minas. Después empezaron a impulsar telares gigantescos en fábricas textiles y, finalmente, locomotoras y barcos de vapor. Y de ese modo las personas y las cosas pudieron viajar más fácilmente por todo el mundo.

Construyeron fábricas enormes y las llenaron de máquinas. Las máquinas ayudaban a la gente y se podían fabricar más cosas en menos tiempo.

Lo único malo era que las máquinas de vapor funcionaban quemando carbón. El carbón es un combustible fósil y eso significa que se compone de restos de plantas que existieron en el planeta hace millones de años. Extraían el carbón de la tierra en grandes minas y el humo del carbón ardiendo era un desastre para el medioambiente. Todavía hoy se quema carbón, pese a que sabemos que libera un montón de dióxido de carbono que ensucia el medioambiente y cambia el clima.

El Sol

La energía solar es mejor para el medioambiente y puede parecer muy moderna. Pero en realidad es la energía más antigua. El Sol brilla desde siempre y ha hecho que las plantas crezcan y se conviertan en alimento. Los humanos se han ido atiborrando y consiguiendo energía para poder vivir, evolucionar y ser más listos. Sin la energía solar, la vida en la Tierra no existiría. El Sol tiene tanta fuerza que, si la convertimos en electricidad, bastaría solo un poco de su energía para impulsar todo lo que hay en nuestro planeta.

Ya hemos aprendido a transformar la energía del agua, el viento y el sol en electricidad. Lo hemos conseguido gracias a la fuerza de nuestro cerebro. Ahora lo que tenemos que hacer es utilizar esa capacidad cerebral para encontrar soluciones a los problemas que le hemos ocasionado al medioambiente y al clima.

La fuerza de trabajo

Naturalmente, en las fábricas también necesitaban manos y cerebros inteligentes. Los trabajadores, o es decir: la fuerza de trabajo. Esas personas se convirtieron en asalariadas, y las que les daban trabajo eran los patrones.

Antes de la revolución industrial, la mayoría vivía en el campo y se dedicaba a la agricultura.

Pero entonces tuvo lugar otra revolución agrícola gracias a todas las nuevas máquinas que se crearon. Los agricultores se hicieron con tractores, que tenían más fuerza que muchos trabajadores, bueyes y caballos. Cuando hablamos de la potencia de un motor, se sigue utilizando la expresión «caballo de potencia», es decir, la equivalencia a la fuerza que tendría ese número de caballos.

Con la ayuda del tractor, los agricultores podían arar, recolectar, llevar carros llenos de grano y traer troncos del bosque. El nuevo invento arreglaba prácticamente todo.

Pero mucha gente se quedó sin trabajo. Se marcharon a las ciudades, donde necesitaban fuerza de trabajo en las fábricas: gente que construyera casas, puentes y carreteras. Muchos consiguieron trabajo en talleres y en oficinas, y las nuevas tiendas también necesitaban personal.

Las ciudades crecieron y los campos se vaciaron de gente.

Materias primas

Pero el dinero, la energía y los trabajadores no eran lo único que hacía falta. Para producir cualquier cosa necesitaban materias primas.

Y las materias primas venían del campo.

Por ejemplo, la madera de los bosques y los minerales de las minas. Además, buena parte de la energía se empezó a extraer de allí también cuando agrandaron los ríos con abundantes centrales hidroeléctricas. Mejoraron las carreteras y las vías de tren para poder transportar lejos madera y minerales, y para llevar la electricidad a las ciudades construyeron líneas eléctricas larguísimas.

La fuerza de trabajo, la energía eléctrica y las materias primas irrumpieron en las ciudades y el desarrollo que se produjo fue increíble.

Si no había algo en el país, lo transportaban allí en barcos de vapor y en trenes. Era lo que ocurría por ejemplo con el petróleo y el algodón. No tenían más que ir a buscarlos a las colonias.

Tiempos modernos

Cuando se produce una transformación de una sociedad agrícola a una sociedad centrada en la industria, entonces sí que podemos hablar de una revolución. Comenzó en Inglaterra y se extendió rápidamente por el mundo.

El ser humano tardó miles de años en dar el paso de cazador-recolector a agricultor. Pero la revolución industrial tardó apenas dos generaciones y transformó por completo la vida de prácticamente todos.

Cuando había dinero, materia prima, energía y fuerza de trabajo, se podía producir en abundancia. La motivación era producir cosas que mejoraran la vida de la gente y ayudaran a la sociedad a prosperar. Pero también era importante abaratar las cosas y ganar más dinero.

Una nueva realidad

Sin duda, mudarse del campo a las caóticas ciudades tuvo que ser duro. Cuando la gente empezó a trabajar en las fábricas el cambio fue enorme: había mucho ruido, olía mal, iban a un ritmo acelerado y todo estaba sucio.

Seguro que para muchos fue un cambio difícil, pero a otros les parecería agradable escapar de una vida precaria en el campo. Resultaba positivo conocer a gente nueva y aprender cosas nuevas, tener quizá por primera vez dinero y tu propia vivienda.

Como mucha gente trabajaba junta, también empezaron a luchar juntos por sus derechos. Fundaron sindicatos para ser más fuertes y poder negociar con los patrones.

En los peores casos hacían huelgas, si no mejoraban el lugar de trabajo y no les subían el sueldo.

Las ideas políticas generaron nuevas ideologías y organizaciones.

Las ideologías

El ser humano empezó a creer cada vez menos en los dioses, pero empezó a creer en otras historias: las ideologías políticas, como el liberalismo, el comunismo, el socialismo, el capitalismo y el nacionalismo, por ejemplo.

El cristianismo tiene su libro sagrado, la Biblia, y los musulmanes tienen el Corán. Las distintas ideologías también tienen sus escrituras sagradas y, al igual que las religiones, cuentan con fanáticos.

Los fanáticos piensan que, si los demás creyeran en lo que ellos creen, el mundo se transformaría y todos seríamos felices. La gente que cree en otra cosa está equivocada y puede que incluso se merezca morir.

El humanismo

Hoy hay mucha gente que cree en los derechos humanos y en la libertad individual. Eso es el humanismo, que se centra en la dignidad humana: todo ser humano tiene su dignidad y esa dignidad es inviolable. La gente debe poder pensar por sí misma y desarrollarse como persona siempre y cuando no pise la libertad de otra.

Un humanista no acepta que se exponga a los demás a actos crueles y a un trato abusivo. La igualdad es muy importante: todos valemos lo mismo y debemos tener los mismos derechos y obligaciones. Además, los humanistas son críticos con las religiones y piensan que el saber no se debe fundar en la fe, sino en la ciencia.

El Estado y el capital

La política y el dinero van de la mano. Un país depende de que las empresas y los trabajadores paguen impuestos y de que la gente tenga trabajo para que pueda mantenerse.

¿Te has parado a pensar en que todos los que vivimos en un mismo país en realidad tenemos un montón de cosas juntos? La sociedad es esto: carreteras, vías ferroviarias, hospitales, colegios, residencias de ancianos, piscinas, polideportivos, campos de fútbol, bibliotecas, museos y muchas cosas más. A todo eso va el dinero que pagamos en forma de impuestos. Después, los políticos son los responsables de repartir el dinero y de asegurarse de que incluso los pobres, enfermos, ancianos o discapacitados tengan una vida mejor. El principio es que el dinero debe ir desde los que más tienen a los que lo necesitan.

Como el Estado depende tanto del crecimiento y del dinero de los impuestos, a menudo las políticas se configuran para que sean buenas para las empresas.

Política

Hoy creemos menos en la religión y más en que la política puede transformar el mundo. La política se basa en ideología, ideas y saberes acerca de distintas cosas como la democracia, la agricultura, la economía, la medicina, la educación, la cultura, el trabajo y cómo podemos convivir. El trabajo político puede transformar la vida para mejor incluso para los más pobres.

Democracia es una palabra antigua del griego, que significa 'poder del pueblo'. En una democracia es la gente la que debe tener el poder, de modo que tú y yo también podamos participar y tener voz.

Políticos

En la mayoría de los países la democracia funciona, de modo que escogemos representantes que tomarán las decisiones, por ejemplo, en el Parlamento. Escogemos a los políticos y los partidos que pensamos que van a dirigir mejor el país. Su misión es sobre todo asegurarse de que funcionen las cosas en la sociedad, que haya leyes y normas, y que los impuestos se repartan de forma justa. Trabajan para que todos podamos llevar una vida segura y tranquila, y para que tengamos la posibilidad de prosperar. Deben garantizar que todo el mundo tenga acceso a la educación, a la sanidad y a los cuidados, a la vivienda y a un puesto de trabajo, y a la comunicación, y que haya gente que trabaje en todos los ámbitos importantes.

¿Es justo?

Hoy mucho de lo que compramos lo hace gente muy pobre en países remotos, donde los sindicatos y los políticos no consiguen o no quieren cambiar la vida de la gente. Trabajan, incluso niños, como esclavos para que la ropa y los móviles que compramos sean más baratos y las empresas se hagan más ricas. Por esto, a pesar del crecimiento, muchos agricultores africanos y trabajadores indonesios no se pueden comprar tanta comida como tenían sus antepasados.

Aunque la economía haya crecido, cada vez son menos los que se reparten el pastel.

Al mismo tiempo, la pobreza está reduciéndose en el mundo. Hay cada vez más niños que pueden aprender a leer y menos que acuden con hambre al colegio. La gente está más sana y vive más años que nunca, y el número de niños que llega a la edad adulta ha aumentado.

La era de las compras

La producción en masa lleva al consumo en masa: hay muchos artículos y también se compra mucho. Y para que el capitalismo funcione, la producción no puede dejar de aumentar y entonces tiene que haber alguien que necesite el cacharro. Si ni tú ni yo compramos, la economía colapsará.

Así que las empresas están todo el tiempo inventando cosas nuevas. Y yo creo que estamos actuando como cuando éramos cazadores-recolectores: las compras son nuestra caza y nos sentimos bien cuando tenemos chismes nuevos.

Lo triste es que toda producción necesita materias primas, energía, transporte y fábricas. Y si producimos aún más cosas, hacen falta aún más energía y materias primas.

Por eso se está investigando cómo podemos reciclar materiales para hacer cosas nuevas y se están desarrollando formas más ecológicas de producir energía y depurar las emisiones.

Hay mucha gente que piensa que el crecimiento no es bueno porque se basa en no parar de comprar. Si no queremos acabar con todas las materias primas y seguir destruyendo el medioambiente, la sociedad tal vez debería creer en algo que no sea el crecimiento.

La muerte y la vida eterna

La muerte siempre ha sido un misterio. Los dioses decidían cuánto íbamos a vivir, y las historias religiosas tienen la respuesta a lo que ocurre después de la muerte. Si hemos sido buenos, vamos al paraíso, y los que no… se van al infierno.

La gente siempre ha soñado con engañar a la muerte. Hay muchas historias sobre personas que trataron de alcanzar la vida eterna de diferentes formas, pero nadie lo ha conseguido. La primera historia que se conserva sobre la vida eterna es la de

Pero Gilgamesh nunca llegó a alcanzar la inmortalidad en la historia.

Gilgamesh, la escribieron los sumerios con escritura cuneiforme en doce tablillas de barro hace casi 4000 años.

Si yo no puedo alcanzarla, ¡Gilgamesh tampoco!

AUTOR

Durante los últimos 200 años hemos podido protegernos de enfermedades que antes eran mortales. Ahora tenemos medicamentos, técnicas de manipulación genética y médicos y enfermeros estupendos. Por eso cada generación vive más tiempo.

Hay mucha gente que incluso cree que el primer ser humano que va a vivir 150 años ya ha nacido en algún punto del planeta. No es imposible que tus hijos lleguen a vivir tanto, y puede que para tus nietos sea la nueva normalidad.

¿En serio?

Algunos investigadores están convencidos de que la vida eterna es posible. Sería cuestión de superar ciertas enfermedades y entonces no tardaría en hacerse realidad gracias a las técnicas de manipulación genética.

También se están desarrollando «repuestos» para que podamos sustituir órganos y partes del cuerpo que dejen de funcionar. El cambio de riñones y de corazón ya sale bastante bien, y además la creación de órganos artificiales va por buen camino.

Pueden hacer piernas, brazos y manos, y la cirugía plástica ha avanzado mucho, así que dentro de poco una abuela podrá tener el aspecto de una madre.

Hay incluso quienes creen que en el futuro será posible rejuvenecer al ser humano.

Activar la evolución

El ser humano se ha extendido por todo el mundo. Hemos ido cambiando para poder sobrevivir mejor y reproducirnos.

Sin embargo, hasta aproximadamente el año 2000, el desarrollo ha sido completamente natural. La evolución nos ha transformado, pero nosotros mismos no hemos podido influir en el proceso.

La evolución seguirá transformándonos. Quizá se nos acorten las piernas porque nos movemos cada vez menos, se nos agrande el trasero porque pasamos mucho tiempo sentados y los dedos se nos vuelvan aún más finos porque estamos todo el día toqueteando cosas de tamaño reducido.

Hace mucho tiempo, la gente se dio cuenta de que podía influir en el desarrollo de los animales domésticos. Cuando dejaban que la gallina más gorda se apareara con el gallo más lento, conseguían pollitos que eran tan lentos como gordos.

Aprendieron a criar animales con ciertas características, pero no podían darles características distintas de las que ya tenían. Podían reforzar lo que resultaba beneficioso para el ser humano y debilitar lo que no.

Una vida distinta

Hoy podemos cambiar plantas, animales y a nosotros mismos retocando los genes. Podemos colocarnos partes mecánicas en el cuerpo, y las podemos dirigir con la mente, todo para que estemos más sanos y disfrutemos de una vida más longeva. Estamos obsesionados con la idea de vivir el mayor tiempo posible, y mejor aún si llegamos a ser inmortales.

Pero lo más importante debería ser que todos nos encontráramos bien, que se erradicaran las guerras, la pobreza y las enfermedades; que pudiéramos salvar el medioambiente, todas las especies en peligro de extinción y el clima; y que seamos capaces de convivir.

Pero ¿sabemos si la investigación se utiliza solo para cosas buenas? ¿Sabemos siquiera hacia dónde nos dirigimos o cómo queremos que sea el futuro?

Inteligencia artificial

El siguiente paso es crear seres artificiales inorgánicos, como los robots. Hoy está de moda la IA. Los científicos incluso han llegado a soñar con generar un cerebro humano en un ordenador. Se invirtieron millones en el proyecto, pero lo han cancelado. Los investigadores siguen esforzándose por crear sistemas de pensamiento que imiten nuestro cerebro y que se vuelvan más inteligentes que nuestro cerebro. Después de cuatro mil millones de años de desarrollo orgánico, los *sapiens* esperan poder utilizar la tecnología para continuar desarrollándose.

Muchos investigadores sospechan que no funcionará. Los humanos no somos solo un cerebro, sino que también tenemos un cuerpo. En él sentimos cosas y nuestros pensamientos afectan a cómo nos sentimos. En el cuerpo también hay recuerdos. Yo me acuerdo de la sensación que noté al hacer un saque perfecto en vóley.

Pero ¿es posible transferir una sensación así a un ordenador en forma de unos y ceros? Al ser el cerebro del ordenador superinteligente, quizá echaría en falta tener un cuerpo. Tal vez llegara incluso a morir por querer sentir la hierba bajo los pies en un día soleado de verano.

No lo sé. Nadie lo sabe. Aún no.

Este tema es interesantísimo y muy importante. Y todos podemos influir en el futuro del *sapiens*. Siempre que ganemos conocimientos y nos impliquemos.

Y vivieron felices

Si recordamos cómo era la vida hace 500 años, lo cierto es que han sucedido muchísimas cosas. Han inventado infinidad de artilugios, ha habido montones de revoluciones grandes y pequeñas y la vida de todo el mundo ha cambiado. Pero ¿estamos mejor hoy, somos más felices?

No hay muchos historiadores que se planteen esa cuestión.

Nuestras capacidades han mejorado, somos más inteligentes y más hábiles. Eso nos da más posibilidades de vivir una vida rica, y creo que así somos más felices.

Cuando mucha gente empezó a cultivar en lugar de vivir como cazadores-recolectores, ya no necesitaban estar corriendo de aquí para allá por bosques y llanuras para encontrar comida. Por otro lado, tenían que trabajar más horas al día para reunir lo que se zampaban. Padecían enfermedades más a menudo y se destrozaban el cuerpo.

Hoy tenemos máquinas para las tareas pesadas. Taladran y excavan en las minas, y en las fábricas los robots hacen mucho. Ya no hay tanta gente forzando el cuerpo, aunque hay muchos que pierden su puesto cuando los robots los relevan.

Quedarse sin trabajo no mola nada. Quien no tiene trabajo puede acabar marginado, queda privado de sus compañeros de trabajo y de su entorno, y también de su dignidad, en cierto modo, y del sueldo.

Así que ¿somos más felices gracias a todos los conocimientos y capacidades que hemos acumulado a lo largo de los milenios? ¿Se puede siquiera medir la felicidad? No lo sé, pero hoy hay menos personas que pasan hambre y más que llevan una vida libre. Aun así, todavía siguen existiendo los esclavos, y hay más gente que nunca huyendo del cambio climático, las injusticias, la opresión, la guerra y la pobreza. Gente que casi nadie quiere acoger a pesar de que todos somos *sapiens*.

Si queremos, ¡podemos!

Han transcurrido 300 000 años desde que somos lo que somos hoy: *Homo sapiens*. Hemos ascendido a la cima de la cadena alimentaria y hemos conquistado el mundo. Hemos creado historias que nos han unido y hemos construido sociedades y Estados. Las culturas se extienden y están mezclándose. Cada día que pasa aprendemos más unos sobre otros. Eso se traduce en que compartimos cada vez más experiencias y que pensamos más parecido en todo el mundo.

Pese a que nos hemos vuelto más inteligentes, seguimos eliminando otras especies, plantas y animales. Lo hemos hecho desde el principio del todo, aunque ahora sucede a una velocidad vertiginosa. Pero también descubrimos nuevas especies cada año, como los cientos de mariposas cuya existencia desconocíamos. Ni tan siquiera hemos explorado a fondo nuestro planeta. Podemos viajar alrededor de la Tierra, pero también salir al espacio. Y podemos arreglarnos el cuerpo y hasta crear una vida nueva. Con la ayuda de las técnicas de manipulación genética, es posible incluso que no tardemos en revivir especies muertas.

Ahora no deberíamos pensar tanto en cómo alcanzar la vida eterna, sino centrarnos más en todo lo que nos rodea. Mientras jugamos a ser dioses con nuestros genes y vamos fabricando repuestos para el cuerpo, tal vez estemos destruyendo el medioambiente hasta tal punto que no sea posible vivir en la Tierra.

Nos hemos vuelto más inteligentes y hemos aprendido a colaborar. Por eso no debería resultarnos imposible encontrar soluciones a los grandes problemas a los que nos enfrentamos hoy, con conflictos que obligan a la gente a huir, pobreza, pandemias terribles y el mayor desafío de la historia de la humanidad: el deterioro del medioambiente y la amenaza climática.

Es posible si nos ayudamos unos a otros. Y es que por algo somos «la persona sabia».

Cronología de la

historia del sapiens